は じ め に

　相続税の調査を受ける割合が非常に高いことはよく知られています。令和4（2022）事務年度の実地調査件数は約8千2百件です。調査対象年分である2020年（令和2年）分の相続税の課税件数は約12万件ですから、実地調査割合は約6.8％です。これに実地調査以外の調査（相続税の事務手続きの上では「簡易な接触」又は「事後処理」といいます）を含めると納税者に接触する調査の割合は19.2％になります。以前は実地調査割合だけで20％を超えていました。コロナ禍の時期であっても接触割合の低下を抑えています。高額事案が優先的に実地調査となるのはどの税目も同様です。相続税も高額事案優先で実地調査が行われています。調査により申告漏れが把握される割合も高く85％を超えています。

　相続税調査は、帳簿調査を中心とする所得税や法人税と異なり、被相続人の生前の人となりを聞き取り、人物像をある程度想定し、財産形成過程及びその運用を追跡し申告から漏れた財産を究明します。相続税逃れのために財産を隠匿する者と、適切な課税を目的とする当局との攻防は、何十年たっていようと全く変わることはありません。

　相続税調査は個人財産の調査であることからプライベートな部分にまで踏み込まざるを得ないこともあります。調査対象者は相続人であるとは言っても、実際の調査の対象は被相続人の財産です。相続税は税理士にとって扱う頻度が非常に少ないが調査を受ける割合が高く、また相続税独特の調査への対応に苦慮します。

　筆者は昭和50年に国税に採用された後、一貫して資産税畑を歩み、相続税調査に長年従事してきました。現在は調査を受ける側に身を置いており、相続税調査について両面から解説できる稀有な立場でもあります。本書は、相続税調査の近年の傾向、調査対象事案の選定、調査開始から終結、調査への対応、そして相続税独自の加算税の考え方まで、課税する立場の考え方及び調査を受け

る側の対応についてテーマの内容に応じて解説しました。相続税調査に関わる一連を過不足なく解説したつもりです。本書は2021年（令和3年）の初版以後の情報を追加し、最近のデータに改訂したものです。

　相続税調査を受けたことがない、調査への対応が不安であるという税理士にとって調査の仕組み、流れ、調査官への対応等少しでも知識があればその不安は大きく解消されることでしょう。本書がお役に立つことを願っています。

2024年秋

税理士　武田秀和

○本書の内容は、2024年（令和6年）6月30日現在の法令通達に基づいています。
○事務年度は和暦、年度及び年分の表記は西暦優先としました。

目　　次

第1章　相続税調査の近年の傾向

本章の概要　3

SECTION 1　相続税の課税状況　4

　国税庁が公表する相続税の課税状況　4

SECTION 2　相続税の実地調査の状況　7

　国税庁が公表する実地調査の状況　7

　国税庁公表資料からわかること　16

SECTION 3　相続税の実地調査以外の調査及び行政指導　28

SECTION 4　贈与税の実地調査　32

SECTION 5　相続税調査の過去　37

SECTION 6　相続税調査の近年の傾向と方向　48

SECTION 7　富裕層　51

SECTION 8　海外関連事案　56

　調査の概要　56

　課税庁における国外財産の把握の手段　62

SECTION 9　無申告事案　79

第2章　相続税の実地調査対象事案の選定

本章の概要　87

SECTION 1　相続税調査の担当部署　88

SECTION 2 相続税実地調査の時期 90

SECTION 3 相続税調査の流れ 91

SECTION 4 相続税課税対象者の把握 93

SECTION 5 調査対象の選定（申告審理） 95

選定の概要 95

具体的な調査対象の選定 98

金融取引情報の把握と取引情報の照会 104

調査対象となる相続税事案の価額の階級 108

調査対象の今後 111

SECTION 6 事後処理 112

第3章 相続税調査の具体的展開

本章の概要 117

SECTION 1 準備調査と事前通知 118

SECTION 2 相続税調査対応の基本的な心構え 122

SECTION 3 相続税調査についての相続人への説明 124

SECTION 4 臨宅調査 128

SECTION 5 貸金庫の開扉 141

SECTION 6 調査官の依頼事項 143

SECTION 7 反面調査 145

反面調査 145

関係会社への反面調査 148

SECTION 8 金融機関調査 151

SECTION 9 質問応答記録書 159

SECTION 10　名義預金の調査　164

　名義預金の調査　164

　名義預金（贈与事実）の判定　169

SECTION 11　名義株の調査　177

第4章　相続税調査の事例

本章の概要　187

SECTION 1　名義預金　188

SECTION 2　贈与財産　192

SECTION 3　不明出金　195

SECTION 4　名義株式　200

SECTION 5　家庭用動産・庭園設備・回収不能である債権　203

第5章　調査の終結

本章の概要　209

SECTION 1　調査の終了　210

SECTION 2　指摘事項への対応　212

SECTION 3　更正・決定・修正申告・期限後申告　217

第6章　調査とは

本章の概要　223

SECTION 1　調査の概要　224

SECTION 2　質問検査権　228

SECTION 3　実地調査　231

SECTION 4　実地調査以外の調査　233

SECTION 5　調査に該当しない行為　234

第7章　加算税・延滞税

本章の概要　239

SECTION 1　加算税とは　240

SECTION 2　過少申告加算税　248

過少申告加算税　248

相続税の過少申告加算税　252

SECTION 3　無申告加算税　255

無申告加算税　255

相続税における無申告加算税　259

SECTION 4　重加算税　263

重加算税　263

相続税における重加算税　267

重加算税の対象者　270

配偶者に対する重加算税の賦課　272

SECTION 5　重加算税の賦課事例　280

被相続人の行為と重加算税　280

名義財産と重加算税　281

SECTION 6　相続税法の延滞税の特則　286

第1章

相続税調査の近年の傾向

本章の概要

　第1章では、相続税調査の近年の傾向を分析します。

　相続税調査の結果について、国税庁及び各国税局が公表しています。公表された調査データを分析することにより、調査の傾向を読み取ることができます。近年は「富裕層」「海外関連事案」「無申告事案」がターゲットとなっています。

SECTION 1

相続税の課税状況

国税庁が公表する相続税の課税状況

1 過去の課税状況

相続税の過去の状況は次表の通りです。なお、相続税及び贈与税に関する表示は、次の点に留意してください。

① 死亡者数：被相続人のことをいう。各年の1月1日から12月31日までの死亡者数である。厚生労働省の人口動態統計を基にしている。

② 課税件数：「相続税の申告書の提出に係る被相続人数」のことをいう。「相続又は遺贈により財産を取得した者」である納税義務者の数をカウントすべきであるが、相続税の場合、納税義務者の数はほとんど影響がない。相続税を納めた者が1人でもいる場合の、その被相続人の数をいう。また、基礎控除以下や小規模宅地等の特例を適用した結果納税額が算出されない件数はカウントされていない。申告書提出件数とは異なる。

③ 課税割合：その年中の全死亡者数に対する課税件数の割合である。

4

年分	①死亡者数 （人）	②課税件数 （件）	③課税割合 （②/①）（％）	1件当たり課税価格 （万円）
2022 年 （令和 4 年）	1,569,050	150,858	9.6	13,711
2019 年 （令和元年）	1,381,093	115,267	8.3	13,694
2008 年 （平成 20 年）	1,142,407	48,016	4.2	22,385
1992 年 （平成 4 年）	856,643	54,449	6.4	34,565
1975 年 （昭和 50 年）	702,275	14,593	2.0	103,617
1948 年 （昭和 23 年）	950,610	80,538	8.5	万円 102,229

（財務省・国税庁公表資料・人口動態統計を基に著者作成）

2 最近の課税状況

　2021 年（令和 3 年）分及び 2022 年（令和 4 年）分の相続税の課税状況は次の通りです。年間に死亡した人（被相続人）の数のうち、相続税の対象となった割合を課税割合といいます。相続税の適正な課税割合の判断は大変難しいところでしょう。近年は 2014 年（平成 26 年）に 4.4 ％まで落ち込んでいたことから、基礎控除額を引き下げて課税割合が 2015 年（平成 27 年）に約 2 倍（8.0 ％）まで上昇しました。その後、死亡者数が上昇しているにもかかわらず、課税割合も上昇しています。今後、地価の上昇があれば課税割合は当然上昇するでしょう。令和 4 年分の主要国税局の課税割合は、東京国税局 15.0 ％、大阪国税局 9.7 ％及び名古屋国税局 12.2 ％と高くなっています。

| 2021 年及び 2022 年分の申告事績 |

項目 \ 年分等		2021 年分 （令和 3 年分）	2022 年分 （令和 4 年分）	対前年比
①	被相続人数（死亡者数）	人 1,439,856	人 1,569,050	% 109.0
②	相続税の申告書 の提出に係る被相続人数	人 外 35,395 134,275	人 外 38,280 150,858	% 外 108.2 112.4
③	課税割合 （②／①）	% 9.3	% 9.6	ポイント 0.3
④	相続税の納税者である 相続人数	人 294,058	人 329,444	% 112.0
⑤	課税価格	億円 外 18,074 185,774	億円 外 19,368 206,840	% 外 107.2 111.3
⑥	税額	億円 24,421	億円 27,989	% 114.6
⑦	1人当たり 被相続人 課税価格（注3） （⑤／②）	万円 外 5,106 13,835	万円 外 5,060 13,711	% 外 99.1 99.1
⑧	1人当たり 被相続人 税額 （⑥／②）	万円 1,819	万円 1,855	% 102.0

（注）1　国税庁公表「令和 4 年分の相続税の申告事績の概要」
　　　2　外書は相続税額のない申告書に係る計数である。

SECTION 2

相続税の実地調査の状況

国税庁が公表する実地調査の状況

1 実地調査の結果の公表

国税庁及び国税局は毎年12月頃に、所得税、法人税、消費税及び相続税等主要税目の前事務年度の調査の結果を公表しています。公表された文言やデータで近年の調査の状況及び傾向がうかがわれます。調査とは実地調査のことをいいます。

国税庁が公表した令和4事務年度の調査結果については次ページ以降の通りです。本書の解説の基となる重要なデータですので全文掲げます。なお、各国税局についてもそれぞれ調査結果を公表しています。調査結果については国税庁ホームページで確認することができます。(国税庁>お知らせ>報道発表>○○事務年度における相続税の調査等の状況)。過去の調査状況も検索できますので、各年度の重点調査項目などを垣間見ることができます。興味のある方は大変参考になります。

2 令和4事務年度における相続税の調査の状況

令和5年12月
国　税　庁

Ⅰ　相続税の調査等の状況

1　相続税の実地調査の状況

2　相続税の簡易な接触の状況

Ⅱ　調査に係る主な取組

1　無申告事案に対する実地調査の状況

2　海外資産関連事案に対する実地調査の状況

3　贈与税に対する実地調査の状況

Ⅲ　参考計表

1　申告漏れ相続財産の金額の推移

2　申告漏れ相続財産の金額の構成比の推移

3　海外資産関連事案に係る財産別非違件数の推移

4　海外資産関連事案に係る地域別非違件数の推移

Ⅰ　相続税の調査等の状況

1　相続税の実地調査の状況

相続税の実地調査は、資料情報等から申告額が過少であると想定される事案や、申告義務があるにもかかわらず無申告であると想定される事案等について、実地調査を実施しました。

令和4事務年度においては、令和3事務年度から、実地調査件数（8,196件）、追徴税額合計（669億円）は、ともに増加（対前事務年度比129.7%、119.5%）しました。

○　相続税の実地調査事績

	事務年度等　項目	令和3事務年度	令和4事務年度	対前事務年度比
①	実地調査件数	件 6,317	件 8,196	% 129.7
②	申告漏れ等の非違件数	件 5,532	件 7,036	% 127.2
③	非違割合（②／①）	% 87.6	% 85.8	ポイント ▲1.7
④	重加算税賦課件数	件 858	件 1,043	% 121.6
⑤	重加算税賦課割合（④／②）	% 15.5	% 14.8	ポイント ▲0.7
⑥	申告漏れ課税価格(注)	億円 2,230	億円 2,630	% 117.9
⑦	⑥のうち重加算税賦課対象	億円 340	億円 388	% 114.2
⑧	追徴税額　本税	億円 486	億円 582	% 119.7
⑨	追徴税額　加算税	億円 74	億円 87	% 118.1
⑩	追徴税額　合計	億円 560	億円 669	% 119.5
⑪	1件当たり実地調査　申告漏れ課税価格（⑥／①）(注)	万円 3,530	万円 3,209	% 90.9
⑫	1件当たり実地調査　追徴税額（⑩／①）	万円 886	万円 816	% 92.1

(注)　「申告漏れ課税価格」は、申告漏れ相続財産価額（相続時精算課税適用財産価額を含む。）から、被相続人の債務・葬式費用の額（調査による増減分）を控除し、相続開始前3年以内の被相続人から法定相続人等への生前贈与財産価額（調査による増減分）を加えたものである。
よって、「Ⅲ　参考計表」の「1　申告漏れ相続財産の金額の推移」の金額と一致しない。

2 相続税の簡易な接触の状況

実地調査を適切に実施する一方、文書、電話による連絡又は来署依頼による面接により申告漏れ、計算誤り等がある申告を是正するなどの接触（以下「簡易な接触」といいます。）の手法も効果的・効率的に活用し、適正・公平な課税の確保に努めています。

令和4事務年度においては、令和3事務年度に引き続き簡易な接触に積極的に取り組むことにより、接触件数は15,004件（対前事務年度比101.9％）、申告漏れ等の非違件数は3,685件（同101.3％）、申告漏れ課税価格は686億円（同108.9％）、追徴税額合計は87億円（同125.2％）と、いずれも簡易な接触の事績の公表を始めた平成28事務年度以降で最高となりました。

○ 相続税の簡易な接触の事績

	事務年度等 項目	令和3事務年度	令和4事務年度	対前事務年度比
①	簡易な接触件数	14,730 件	15,004 件	101.9 ％
②	申告漏れ等の非違件数	3,638 件	3,685 件	101.3 ％
③	申告漏れ課税価格	630 億円	686 億円	108.9 ％
④	追徴税額　本税	65 億円	82 億円	126.2 ％
⑤	追徴税額　加算税	4 億円	4 億円	108.3 ％
⑥	追徴税額　合計	69 億円	87 億円	125.2 ％
⑦	1件当たり簡易な接触　申告漏れ課税価格（③／①）	428 万円	457 万円	107.0 ％
⑧	1件当たり簡易な接触　追徴税額（⑥／①）	47 万円	58 万円	122.9 ％

○ 相続税の簡易な接触の事績の推移

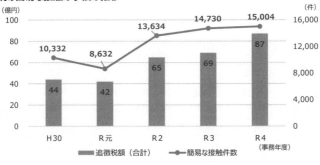

Ⅱ 調査に係る主な取組

1 無申告事案に対する実地調査の状況

無申告事案は、申告納税制度の下で自発的に適正な申告・納税を行っている納税者の税に対する公平感を著しく損なうものであることから、資料情報の収集・活用など無申告事案の把握のための取組を積極的に行い、的確な課税処理に努めています。
令和4事務年度においては、追徴税額は 111 億円（対前事務年度比 148.7%）と増加し、公表を始めた平成 21 事務年度以降で最高となりました。

○ **無申告事案に対する実地調査の状況**

	項目	事務年度等	令和3事務年度	令和4事務年度	対前事務年度比
①		実地調査件数	576 件	705 件	122.4 %
②		申告漏れの非違件数	502 件	607 件	120.9 %
③		非違割合 (②/①)	87.2 %	86.1 %	▲1.1 ポイント
④		申告漏れ課税価格	572 億円	741 億円	129.5 %
⑤	追徴税額	本税	61 億円	91 億円	149.5 %
⑥		加算税	13 億円	19 億円	145.0 %
⑦		合計	74 億円	111 億円	148.7 %
⑧	1実地調査当たり	申告漏れ課税価格 (④/①)	9,934 万円	10,508 万円	105.8 %
⑨		追徴税額 (⑦/①)	1,293 万円	1,570 万円	121.5 %

○ **無申告事案に係る調査事績の推移**

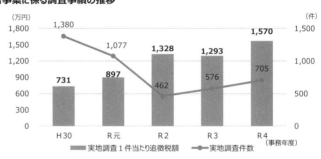

2 海外資産関連事案に対する実地調査の状況

納税者の資産運用の国際化に対応し、相続税の適正な課税を実現するため、ＣＲＳ情報（共通報告基準に基づく非居住者金融口座情報）をはじめとした租税条約等に基づく情報交換制度などを効果的に活用し、海外取引や海外資産の保有状況の把握に努めています。
令和４事務年度においては、海外資産に係る申告漏れ等の非違件数は 174 件（対前事務年度比 151.3％）、海外資産に係る申告漏れ課税価格は 70 億円（同 125.2％）と増加しました。

○ 海外資産関連事案に対する実地調査の状況

項目	事務年度等	令和３事務年度	令和４事務年度	対前事務年度比
①	海外資産関連事案に係る実地調査件数	件 660	件 845	％ 128.0
②	海外資産に係る申告漏れ等の非違件数	558 件 115	700 件 174	125.4 ％ 151.3
③	海外資産に係る重加算税賦課件数	72 件 15	72 件 9	100.0 ％ 60.0
④	海外資産に係る申告漏れ課税価格	291 億円 56	340 億円 70	116.7 ％ 125.2
⑤	④のうち重加算税賦課対象	34 億円 20	25 億円 4	74.9 ％ 19.0
⑥	非違１件当たりの海外資産に係る申告漏れ課税価格（④／②）	5,219 万円 4,869	4,855 万円 4,028	93.0 ％ 82.7

(注) 1 海外資産関連事案とは、①相続又は遺贈により取得した財産のうちに海外資産が存するもの、②相続人、受遺者又は被相続人が日本国外の居住者であるもの、③海外資産等に関する資料情報があるもの、④外資系の金融機関との取引があるもの等のいずれかに該当する事案をいう。
2 ②から⑥欄の上段の計数は、国内資産に係る非違も含めた計数を示す。

○ 海外資産に係る調査事績の推移

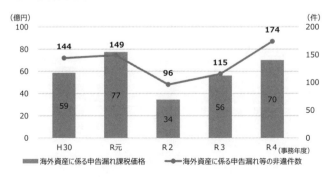

3 贈与税に対する実地調査の状況

相続税の補完税である贈与税についても、積極的に資料情報を収集するとともに、あらゆる機会を通じて財産移転の把握に努め、無申告事案を中心に贈与税の調査を的確に実施しています。
令和4事務年度においては、実地調査件数は2,907件（対前事務年度比122.0%）、追徴税額は79億円（同115.1%）でした。

○ 贈与税事案に対する実地調査の状況

	項目\事務年度等	令和3事務年度	令和4事務年度	対前事務年度比
①	実地調査件数	2,383 件	2,907 件	122.0 %
②	申告漏れ等の非違件数	2,225 件	2,732 件	122.8 %
③	申告漏れ課税価格	175 億円	206 億円	117.6 %
④	追徴税額	68 億円	79 億円	115.1 %
⑤	1件当たり実地調査 申告漏れ課税価格（③／①）	734 万円	708 万円	96.4 %
⑥	1件当たり実地調査 追徴税額（④／①）	287 万円	270 万円	94.3 %

○ 申告漏れ等の非違件数の状況 ○ 調査事績に係る財産別非違件数

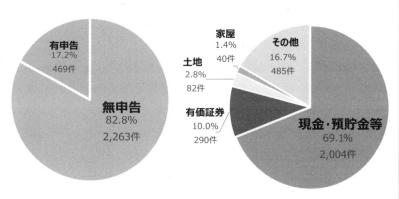

申告漏れ等の非違件数の状況：有申告 17.2% 469件、無申告 82.8% 2,263件

調査事績に係る財産別非違件数：家屋 1.4% 40件、土地 2.8% 82件、有価証券 10.0% 290件、その他 16.7% 485件、現金・預貯金等 69.1% 2,004件

（注）1つの事案において、複数の財産の申告漏れがあった場合、それぞれ1件と集計したものであるため、延件数となっている。

Ⅲ 参考計表

1 申告漏れ相続財産の金額の推移

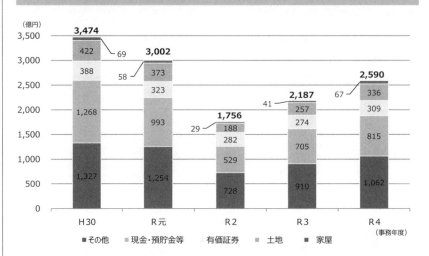

2 申告漏れ相続財産の金額の構成比の推移

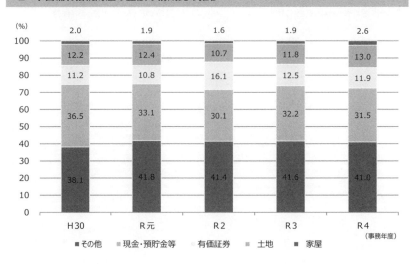

3 海外資産関連事案に係る財産別非違件数の推移

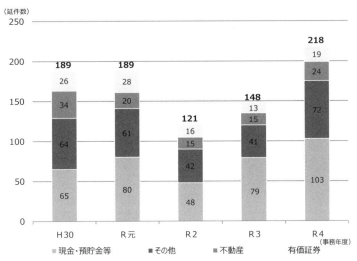

(注)「延件数」とは、1つの事案において、複数の財産に申告漏れがあった場合、それぞれ1件と集計したものである。

4 海外資産関連事案に係る地域別非違件数の推移

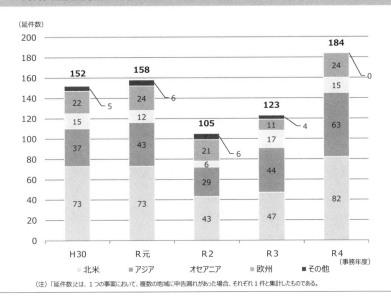

(注)「延件数」とは、1つの事案において、複数の地域に申告漏れがあった場合、それぞれ1件と集計したものである。

国税庁公表資料からわかること

1　実地調査結果の公表の効果

　実地調査の結果は、国税庁が公表する各税目の調査結果で確認することができます。調査結果を公表することは、納税義務者に対するけん制効果があります。特に所得税、法人税は不正発見割合の高い業種を公表しているので、効果があります。ただ、毎年似たような業種が上位に挙げられているので業界の体質があるのでしょう。

　実地調査は、申告漏れ（所得）金額だけに力点を置いているわけではありません。公表データから推測すると、主要税目は基本的に次の点をポイントとしています。

　　①　実地調査件数及び実地調査割合
　　②　非違件数及び非違割合
　　③　申告漏れ（所得）金額
　　④　重加算税賦課割合（不正割合）
　　⑤　各データの前年対比

2　相続税調査の状況の概要

　毎年公表される「○○事務年度における相続税の調査の状況（以下「相続税調査の状況」といいます）」は年によって若干フォームの変更がありますが、基本的なスタイルは一貫しています。公表されたデータを分析すると、相続税調査の傾向が見えてきます。

　令和4（2022）事務年度の相続税実地調査のデータを、海外関連事案及び無申告事案を加えて表にすると次の通りです。

第1章　相続税調査の近年の傾向

令和4事務年度　相続税実地調査結果

		総数	海外資産		無申告
①実地調査件数	件	8,196		845	705
②申告漏れの非違件数	件	7,036	700	174	607
③非違割合（②/①）	%	85.8	82.8	20.6	86.1
④重加算税賦課件数	件	1,043	72	9	—
⑤重加算税賦課割合	%	14.8	10.3	5.2	—
⑥申告漏れ課税価格	億円	2,630	340	70	741
⑦⑥のうち重加算税対象	億円	388	25	4	—
追徴課税 ⑧本税	億円	582	—	—	91
⑨加算税	億円	87	—	—	19
⑩合計	億円	669	—	—	111
1件当たり 実地調査 ⑪申告漏れ課税価格（⑥/1）	万円	3,209	4,855	4,028	10,508
追徴課税（⑩/①）	万円	816	—	—	1,570

＊海外資産のうち網掛部分は国内資産に係る非違を含めた件数である。

（国税庁公表資料を基に著者作成）

3　調査対象年分

　相続税を扱う者にとって、かかわった申告書が調査の対象となる年分に該当するかどうかは大きな関心事です。かつては、申告書を提出してから2年後、3年後に調査がやってくるともいわれていました。なぜなら、申告期限が相続開始を知った日から10か月であることと、国税庁の事務年度が7月から翌年6月までであること等から調査の事務年度と申告期限が変則的になっていたからです。一時、相続税の調査対象年分は国税局による多少のばらつきはありましたが、近年統一されています。

　国税庁が公表する「相続税の調査等の状況」の文言を分析しますと、この数

17

年で調査対象年分が変化していることがわかります。例えば、平成25事務年度の相続税の調査状況では「相続税の実地調査については、平成23年中及び平成24年中に発生した相続を中心に…」とあります。平成23年及び平成24年中に発生した相続事案を全て調査しているように読み取れます。ところが平成24事務年度の相続税の調査状況でも「相続税の実地調査については、平成22年中及び平成23年中に発生した相続を中心に…」とあり、平成23年中に発生した事案が2年にわたって調査されているようです。しかし、実際は平成24事務年度の調査対象は平成22年6月1日〜平成23年5月31日までの間に相続が開始した事案を調査し、平成25事務年度は平成23年6月1日から平成24年5月31日までに相続が開始した事案を調査していました。つまり相続開始が年の5月末日で区切られていたのです。これでは、納税者や税理士にはわかりません。また課税の現場である税務署でも事務手続きが煩雑となる原因でもありました。

　平成26事務年度の相続税の調査状況から「相続税の実地調査については、平成24年に発生した相続を中心に…」と表現を変えています。つまり、この年分から相続開始がその年の1月1日から12月31日までの事案を調査することとしたものです。調査対象年分が暦年となったことから、申告した事案が調査対

調査事務年度及び調査対象年分の対比

調査事務年度		調査対象年分／相続開始期間	
令和6	2024年（令和6年）7月〜2025年（令和7年）6月	2022（令和4）年発生分	令和4年1月1日〜令和4年12月31日
	⋮	⋮	⋮
平成26	2014年（平成26年）7月〜2015年（平成27年）6月	平成24年発生分	平成24年1月1日〜平成24年12月31日
平成25	2013年（平成25年）7月〜2014年（平成26年）6月	平成23年及び24年発生分	平成23年6月1日〜平成24年5月31日
平成24	2012年（平成24年）7月〜2013年（平成25年）6月	平成22年及び23年発生分	平成22年6月1日〜平成23年5月31日

（国税庁公表資料を基に著者作成）

18

象年に該当するかどうかの判断が明確になりました。2024（令和6）事務年度は2022年（令和4年）1月1日から12月31日までの間に相続開始があった事案が調査対象となっています。

　ただし、相続税の申告件数及び申告内容は税務署により、また、年によりばらつきがあります。調査対象年分から外れたとしても、翌年に繰越されて調査となる可能性があります。ゆめゆめ油断するなかれです。

　なお、本書では「調査事務年度」「調査対象年分」等を解説内容により次のように使い分けています。

表記	内容
調査事務年度	・「事務年度」とも表記する ・毎年7月1日から翌年6月30日までの期間を指す
調査対象年分	・「調査年分」「相続開始年分」とも表記する ・毎年1月1日から12月31日までを指す

4　実地調査件数及び実地調査割合

(1)　実地調査件数

　令和4事務年度の実地調査件数8,196件は、平成29事務年度の件数12,576件に比して約35％も減少しています。令和2事務年度は5,106件でした。令和2年に入ってのコロナ禍で、事務年度の後半に調査着手ができなかったことが影響しているのでしょう。コロナ禍が沈静化していることから、今後調査件数は急回復すると想定されます。

(2)　実地調査割合

　実地調査割合とは、全申告件数のうち実地調査を行った件数の割合をいいます。できるだけ多く実地調査をし、申告内容の是非を確定するのが課税庁の大きな目標です。また、実地調査のみならず実地調査以外の調査（事後処理）を含めて1件でも多くの申告内容を確認する姿勢でいます。実地調査及び事後処理を合計した件数による調査割合を接触割合と表現することもあります。接触割合が高まることは、それだけ牽制効果が狙えるからです。

(3) 実地調査割合の推移

　相続税の実地調査割合の高さは、他の税目の比ではありません。基礎件数が少ないので、必然的に調査割合が高くなります。2014年分の実地調査割合は21.5％ですが、この年以前はこの割合以上で推移していました。つまり、納税額のある相続税の申告書を提出すると、20％以上の確率で実地調査の対象となっていた時代がありました。

　令和4事務年度の相続税の実地調査対象は令和2年に相続が開始した事案を調査したと想定されます。2020年（令和2年）中の死亡者数、相続税の申告件数及び実地調査件数等は次の表の通りです。

　2014年（平成26年）分と比べると2015年（平成27年）以降の実地調査割合が半減していることがわかります。2015年以後、相続税の基礎控除金額が従前の40％カットとなりました。相続税を調査する職員の数に変更がないため調査件数はほぼ同数ですが、分母である課税件数が倍増したことの必然的な結果です。また、令和2事務年度以後の調査割合も、コロナ禍のため、更に半減しています。その後調査割合が漸増しています。ここ数年間、税制改正や社会事象によって調査件数や割合が振り回されています。

第1章　相続税調査の近年の傾向

実地調査割合の推移

年	調査事務年度	①死亡者数 (人)	②申告件数 (件)	課税割合 (②/①) (％)	③実地調査件数 (件)	実地調査割合 (③/②) (％)
2020年 (令和2年)	令和4	1,372,755	120,372	8.8	8,196	6.8
2019年 (令和元年)	令和3	1,381,093	115,267	8.3	6,317	5.5
2018年 (平成30年)	令和2	1,362,470	116,341	8.5	5,106	4.4
2017年 (平成29年)	令和元	1,340,397	111,728	8.3	10,635	9.5
2016年 (平成28年)	平成30	1,307,748	105,880	8.1	12,463	11.8
2015年 (平成27年)	平成29	1,290,444	103,043	8.0	12,576	12.2
2014年 (平成26年)	平成28	1,273,004	56,239	4.4	12,116	21.5
2009年 (平成21年)	平成23	1,144,000	46,432	4.1	12,668	29.4

(国税庁公表資料を基に著者作成)

5　非違件数及び非違割合

(1) 非違とは

　実地調査は、高額な脱税、悪質な脱税、租税回避が想定される納税者に対して実施されます。実地調査の結果、課税処分が行われます。もちろん当初申告に誤りのない事案も相当数あります。これらは申告是認といいます。

　税務調査により申告漏れ等を指摘されることを「非違」といいます。非違の本来の意味は違法（法にもとること）をいいますが、単純な申告誤りや財産評価誤りについても修正申告等の対象となったものは非違といいます。調査の結果、申告是認以外の処理を行った件数を「非違件数」といいます。

21

(2) 非違割合

非違割合とは、調査した件数のうち、要更正となった件数の割合のことをいいます。要更正となった件数とは、調査の結果、当初申告（又は無申告）と課税価格又は税額が異なっており修正申告、期限後申告、更正又は決定を行った件数のことをいいます。

(3) 非違件数等の推移

相続税調査の非違件数及び非違割合の推移は次表の通りです。

非課税件数等の推移

事務年度	調査件数 （件）	非違件数 （件）	非違割合 （％）
令和4（2022）	8,196	7,036	85.8
令和3（2021）	6,317	5,532	87.6
令和2（2020）	5,106	4,475	87.6
令和元（2019）	10,635	9,072	85.3
平成30（2018）	12,463	10,684	85.7
平成29（2017）	12,576	10,521	83.7
平成28（2016）	12,116	9,930	82.0
平成10（1998）	14,618	13,859	94.8
平成4（1992）	11,162	10,937	98.0
昭和62（1987）	13,458	13,264	98.6
昭和48（1973）	6,697	5,970	89.1

（国税庁公表資料を基に著者作成）

(4) 非違割合からみえること

調査の対象となる事案は、申告内容に疑義があり、誤りがあるであろうことを推測して選定します。非違割合が高いことは、調査能力が高いことはもちろんですが、調査対象事案の選定の精度が高い証左でもあります。相続税の実地調査における非違割合は、昭和の時代は、ほぼ100％もしくは100％に近い状

態でした。相続財産は、被相続人が数十年かけて蓄積及び保全したものです。それを 10 か月という短期間で調べ上げるのは無理であろう、必ず申告漏れ財産があるはず、という意識があるのかもしれません。

　令和元事務年度の後半からコロナ禍で、調査が制限されていたとしても非違割合が下がらなかったことは驚くべきことです。

6　申告漏れ課税価格

(1) 申告漏れ金額の概要

　実地調査の結果として申告漏れとなった金額が公表されます。所得税、法人税の場合「申告漏れ所得金額」といい、相続税の場合「申告漏れ課税価格」といいます。実地調査の結果は 1 件当たりの申告漏れ金額も公表されますので、税目別の申告漏れ金額の水準がわかります。課税の質が異なるため税目別の単純な比較はできませんが、令和 4 事務年度の実地調査の結果は次の通りです。

主要税目の申告漏れ金額

税目	1件当たりの申告漏れ金額（万円）	1件当たりの追徴税額（万円）
相続税	3,209	816
所得税	1,208	183
法人税	1,258	524

（国税庁公表資料を基に著者作成）

(2) 申告漏れ課税価格の推移

相続税調査による申告漏れ課税価格の推移は次の表の通りです。

| 1件当たりの申告漏れ課税価格の推移 | |

事務年度	申告漏れ課税価格 （万円/件）
令和4（2022）	3,209
令和3（2021）	3,530
令和2（2020）	3,496
令和元（2019）	2,866
平成30（2018）	2,838
平成29（2017）	2,801
平成28（2016）	2,720
平成10（1998）	3,592
平成4（1992）	4,840
昭和62（1987）	2,680
昭和48（1973）	1,028
昭和42（1967）	789

（国税庁公表資料等を基に著者作成）

(3) 申告漏れ課税価格の推移からみえること

継続的納税者がいる所得税や法人税と異なり、単発的、偶発的に発生する税目にかかわらず、申告漏れとなる金額は、不思議なことに安定しています。1件当たりの申告漏れ課税価格は、昭和48事務年度は1,028万円でしたが、平成4事務年度は4,840万円です。さすがバブル絶頂期の調査ということができます。近年は3,000万円を上まわる価格で推移しています。相続税調査が強化されていることがわかります。

7 重加算税賦課の傾向

(1) 重加算税賦課割合

　税務調査は、申告の誤りの是正、又は、申告がなかったものについての課税処分を行うことにあります。修正申告書又は期限後申告書の提出、更正又は決定があった場合（これらをひとまとめに「要更正」といいます）、過少申告加算税（10％）又は無申告加算税（15％）（以下「過少申告加算税等」といいます）が賦課されます（一定の事由がある場合を除きます）。通常は過少申告加算税等の賦課で調査が終結します。税務調査は、申告の誤りの是正、申告すべきものに対する課税処分を目的としますが、これが全てではありません。中には意図的に逋脱を謀っている者がいます。申告が過少であったこと又は無申告であったことが、財産を意図的に隠蔽等していたことによる場合、過少申告加算税等に代えて重加算税（35％、40％）が賦課されます。相続財産が単なる申告漏れではなく、仮装行為又は隠蔽行為の結果として申告から漏らしたことを調査により認定されれば重加算税が賦課されるということです。仮装又は隠蔽行為を認定することは、調査の「思いがけない結果」であることはほとんどありません。調査担当者は、申告漏れとなった財産について、相続財産から「意図的に除外した」ことを認定することに注力します。重加算税を賦課することが調査の深度が十分であることの証左となるからです。税務調査は全ての申告を十分に時間かけて調査すべきものなのでしょうが、実態は課税庁の人員配置、調査日数、調査官の熟練度の深浅等様々な原因で全ての事案に日数を投下することができません。そのため、これは！という事案に注力し、仮装、隠蔽行為を暴き、重加算税を賦課します。そこで、深度ある調査のバロメーターである重加算税賦課割合が重要となります。

(2) 重加算税の賦課割合の推移

　相続税の調査における重加算税の賦課件数及び賦課割合は次表の通りです。資産課税部門の実地調査の主力は相続税及び譲渡所得です。譲渡所得調査は個人課税部門にシフトしつつあることから近年は相続税調査に力点を置いている

と考えられ、調査の深度が高まったのかもしれません。加算税の賦課割合が上昇しています。要更正の対象となった事案のうち約15％前後が重加算税の対象となっていることに注意します。

重加算税賦課件数等の推移

事務年度	申告漏れ件数 （件）	重加算税賦課件数 （件）	重加算税賦課割合 （％）
令和4 （2022）	7,036	1,043	14.8
令和3 （2021）	5,532	858	15.5
令和2 （2020）	4,475	719	16.1
令和元 （2019）	9,072	1,541	17.0
平成30 （2018）	10,684	1,762	16.5
平成29 （2017）	10,521	1,504	14.3
平成28 （2016）	9,930	1,300	13.1
平成27 （2015）	9,761	1,250	12.8
平成26 （2014）	10,151	1,061	10.8
平成18 （2006）	12,061	1,820	15.1
平成17 （2005）	12,119	1,781	14.7

（国税庁公表資料を基に著者作成）

8 国税局別調査の状況

(1) 国税局別調査の状況

前記「令和4事務年度における相続税の調査の状況について」は国税庁全体の調査の結果です。国税庁が公表するデータは、各国税局の調査結果をまとめたものです。各国税局も調査結果を公表しています。国税局別の調査データを次表にまとめました。

(2) 国税局別重加算税賦課割合

単発的かつ偶発的税目である相続税は、国税局によって課税件数の多寡があ

ります。しかし、調査件数や非違件数及び重加算税の賦課件数や賦課割合はこの数年、変化はほとんどありません。重加算税の賦課割合の高い国税局（関東信越、名古屋、高松）は常に高い傾向にあり、不思議と安定しています。特に関東信越局は平成28事務年度以降重加算税の賦課割合が20％超えをキープしています。平成29、30事務年度は24.5％という実績でした。

令和4事務年度　国税局別実地調査の状況

国税局・国税事務所	①実地調査件数	②申告漏れ等の非違件数	③非違割合（②/①）	④重加算税賦課件数	⑤重加算税賦課割合（④/②）	⑥申告漏れ課税価格	⑦⑥のうち重加算税賦課対象	⑧実地調査1件当たり申告漏れ
	件	件	%	件	%	億円	億円	万円
国税庁	8,196	7,036	85.8	1,043	14.8	2,630	388	3,209
札幌	234	202	86.3	24	11.9	61	4	2,573
仙台	446	375	84.1	48	12.8	149	17	3,331
関東信越	1,313	1,077	82.0	245	22.7	348	78	2,653
東京	1,883	1,613	85.7	234	14.5	728	92	3,866
金沢	220	196	89.1	27	13.8	74	10	3,370
名古屋	1,346	1,138	84.5	179	15.7	413	69	3,067
大阪	1,449	1,261	87.0	126	10.0	453	56	3,127
広島	366	317	86.6	46	14.5	125	14	3,430
高松	347	327	94.2	51	15.6	103	14	2,991
福岡	314	274	87.3	36	13.1	90	22	2,890
熊本	225	206	91.6	21	10.2	60	6	2,681
沖縄	53	50	94.3	6	12.0	24	2	4,554

（国税庁・国税局の公表資料を基に著者作成）

SECTION 3

相続税の実地調査以外の調査及び行政指導

1 事後処理（簡易な接触）

　相続税調査における実地調査以外の調査は、「事後処理」といいます。事後処理は調査官が納税者の事務所や自宅に赴くことなく課税価格の基礎となる事実の確認調査、計算誤りや無申告等を指摘する調査です。「簡易な接触」として公表されています。調査の区分については第6章を参照してください。

2 事後処理の手順

(1) 事後処理の基本的な手順

　事後処理は、来署依頼等により税務署内で調査が終わる机上処理のことをいいます。

(2) 調査時期

　事後処理は相続税事案処理のための典型的な大量反復事務です。処理時期や期間を絞って集中して行います。一般的には、国税の人事異動直後である7月から8月に行われます。

(3) 事前連絡

　文書による連絡の場合、申告内容の誤りを具体的に指摘し、納税者の自発的検討と修正申告書の提出を促します。申告書が提出されていないが、署内外の情報から申告が必要と判断された事案についても、申告の要否について検討す

るよう連絡することもあります。

　実地調査は事前連絡をすることとなっていますが、事後処理については事前連絡の規定はありません。実務的には、電話連絡又は来署依頼をするときに調査対象となる事項について調査目的等を説明しているようです。

(4) 税理士法第33条の2の書面の提出がある場合

　申告書に添付書面の添付がある納税者に対し実地の調査等を行おうとする場合、国税通則法第74条の9に規定する事前通知を行わないこととしたときを除き、事前通知を行う前に税務代理権限証書に記載された税理士等に対し添付書面の記載事項について意見聴取を行うこととなっています。事後処理についても同様意見聴取が行われます。

　事後処理の結果、修正申告書等の提出があった場合は過少申告加算税又は無申告加算税が賦課されます。

(5) 事後処理で調査が終結した場合

　事後処理は実地調査以外の調査であることから、国税通則法第74条の11第1項の規定は適用されません。そのため調査の結果当初申告に誤りがないことが判明したとしても「更正をすべきと認められない旨の通知書」いわゆる「是認通知書」は発行されません。

　また、事後処理により調査が終結した場合であっても、その後税務署内外の資料が新たに発見され、机上処理では解明できない場合が想定されます。一旦処理が終わった事案であっても、実地調査による解明が必要であると担当統括官が判断すれば、実地調査が行われることがあります。

3　調査結果の公表

(1) 簡易な接触による調査結果の公表

　事後処理は、計算の誤り等簡易な是正が大半です。実地調査を主柱として調査重点主義を貫いている課税当局にすれば、実地調査は幹線道路で、事後処理は側道のような扱いでした。

　事後処理（簡易な接触の事績）事績は、従来は公表されていませんでした。

2018年（平成30年）12月の「平成29事務年度における相続税の調査の状況について」において、「簡易な接触に係る事績」として初めて公表されました。

　令和4事務年度の調査対象は、令和2年に発生した相続税事案です。平成27年に相続税の改正が行われ、基礎控除が40％もカットされ、大方の予想通り課税件数、課税割合ともに順調に伸びています。実地調査重点主義を貫くと接触割合、調査割合が大きく減少してしまいます。そこで、事後処理の比重を高くして接触割合を高めたものと推測されます。

簡易な接触に係る事績の推移

事務年度	調査件数（件）	非違件数（件）	非違割合（％）	申告漏れ課税価格（億円）	1件当たり課税価格（万円）	1件当たり追徴税額（万円）
令和4（2022）	15,004	3,685	24.6	686	457	58
令和3（2021）	14,730	3,638	24.7	630	428	47
令和2（2020）	13,634	3,133	23.0	560	410	47
令和元（2019）	8,632	2,282	26.4	427	494	48
平成30（2018）	10,332	2,287	22.1	443	428	42
平成29（2017）	11,198	2,668	23.8	517	462	36
平成28（2016）	8,995	2,280	25.3	444	494	45

（国税庁公表資料を基に著者作成）

4　公表データからわかること

　簡易な接触による申告の是正データから、いくつか推認できる事項があります。令和4（2022）事務年度のデータを基に解説します。

(1) 調査件数

　令和4（2022）事務年度の実地調査件数は8,196件です。事後処理件数は15,004件であるので実地調査と遜色ない件数が対象となっています。2020年（令和2年）分の申告件数は120,372件です。実地調査件数及び事後処理件数の合計は23,200件です。調査による接触件数が申告件数に占める割合は19.3％です。つまり相続税事案のうち税務調査が行われたのは概ね2割近いことになります。これは驚異的な接触率です。コロナ禍で実地調査件数が落ち込んだ分を事後処理の件数を増やし接触割合の維持に努めていることがわかります。

(2) 非違割合

　令和4（2022）事務年度の実地調査の非違割合は85.8％です。事後処理の非違割合は24.6％です。実地調査は悪質かつ高額な脱漏が見込まれる事案を調査します。そのため、比較的高い精度で申告漏れが確実と思われる事案を調査します。事後処理は計算誤り等を指摘する事案のほか、例えば小規模宅地等の特例の要件の不備がある事案の確認調査等が含まれているため非違割合が低くなります。

(3) 1件当たりの課税価格

　事後処理調査による1件当たりの申告漏れ等の課税価格は457万円です。来署依頼による簡易な調査であるにもかかわらず、平均で400万円を超える申告誤りが指摘されています。

5　事後処理（行政指導）

　相続税の申告前に行う「申告の案内」や、申告後に行う単純な計算誤り等の指摘は行政指導です。納税義務者又は税務代理人に対して、文書又は電話等で計算誤り等について自発的な見直しを依頼します。見直した結果、税務署の指摘通り計算誤り等を確認し、修正申告書の提出があった場合でも、自発的な提出であるとして過少申告加算税等は賦課されません。

SECTION 4

贈与税の実地調査

1 贈与税

　贈与税は相続税の補完税とも称されるように、相続税対策には切り離せない税目であり、他の主要税目とそん色がないほど知名度も高いものとなっています。個人間の財産の移動には必ず贈与税が検討され、贈与税の活用なくして相続税対策はあり得ません。相続税対策の失敗の相当部分は、贈与税を無視しもしくは軽視したことによります。名義財産といわれる名義預金や名義株などが典型的な例です。資産家にとっては贈与税の活用が課題ですし、資産家でない人たちにとっても家族が土地家屋を取得するにあたって資金援助することがあります。

2 贈与税の実地調査

(1) 実地調査の状況

　贈与税は、相続税を含めた資産課税の一環を占めており、調査に関しては質問検査権が付されています。贈与税についても実地調査が行われており、調査結果が次の通り公表されています。なお、表は国税庁公表資料「相続税の調査等の状況」のうち「贈与税に対する調査状況」を、公表された年分以後令和4事務年度までの実績を集計したものです。

贈与税事案に対する実地調査の状況

事務年度	調査件数 （件）	非違件数 （件）	非違割合 （％）	申告漏れ課税 価格（億円）	1件当たり課税 価格（万円）	1件当たり追徴 税額（万円）
令和4 (2022)	2,907	2,732	93.9	206	708	270
令和3 (2021)	2,383	2,225	93.4	175	734	287
令和2 (2020)	1,867	1,769	94.8	109	584	201
令和元 (2019)	3,383	3,217	95.1	218	643	231
平成30 (2018)	3,732	3,549	95.1	207	555	181
平成29 (2017)	3,809	3,565	93.5	189	497	148
平成28 (2016)	3,722	3,434	92.2	1,918	5,153	1,218
平成27 (2015)	3,612	3,350	92.7	195	540	136
平成26 (2014)	3,949	3,616	91.6	176	447	124
平成25 (2013)	3,786	3,424	90.4	216	571	197
平成24 (2012)	4,599	4,152	90.3	223	485	137
平成23 (2011)	5,617	5,331	94.9	280	494	140
平成22 (2010)	4,881	4,554	93.3	285	584	188

（国税庁公表資料を基に著者作成）

第1章　相続税調査の近年の傾向

(2) 調査事績に占める無申告事案の状況

令和 4 事務年度の贈与税の実地調査のうち申告事案と無申告事案の比は次の通りです。

申告事案と無申告事案

区分	申告有	申告無	合計
(件) 申告漏れ等の非違件数	469	2,263	2,732
(%) 申告漏れ割合	17.2 %	82.8 %	100.0 %

(3) 調査事績に係る財産別非違状況

令和 4 事務年度の贈与税の実地調査で申告漏れとなった財産別の非違状況は次の通りです。

財産別非違状況

	土地	家屋	有価証券	現金・預貯金等	その他	合計
(件) 非違件数	82	40	290	2,004	485	2,901
(%) 割合	2.8	1.4	10.0	69.1	16.7	100.0 %

3 国税庁公表資料からわかること

(1) 実地調査結果の公表

贈与税の実地調査について平成 24 (2012) 事務年度の相続税の調査の状況において平成 22 (2010) 事務年度の調査結果から公表されています。それ以前にも継続的に実地調査は行われていましたが、公表されていませんでした。公表されていなかった理由としては次のようなことが想定されます。

・贈与は親族間で行われることが大半であることから、課税の端緒を把握す

るのが困難である。

・親族間の金銭の移動は贈与事実を認定することが困難である。

・土地や建物等の名義変更を把握した場合でも、名義人となった者が名義変更の事実を知らないケースが少なからずある。

・名義変更事実を知らなかった等の場合、名義戻しが認められる取扱いがある。

(2) 非違件数・非違割合

令和4事務年度の贈与税の調査結果の中で公表されているデータから、次のことがわかります。

調査による非違割合は約93.9％と非常に高くなっています。相続税調査の非違割合より格段に高いです。これは確実に課税できる事実又は資料を基に調査が行われていると推測されます。単に不動産や預貯金の名義が変更されたからといって調査することはありません。名義戻しができない財産の移転、若しくは動かしようがない事実を把握したうえで調査に着手しているのでしょう。2022年分贈与税の申告件数が約50万件でも、調査件数が2,907件と非常に少ないことからも、調査する事案を慎重に選定していると思われます。もっとも、贈与税の申告の80％以上は有価証券・現金預貯金等ですから、申告金額以上の贈与事実を認定する確実な情報がないと調査には至らないでしょう。

(3) 1件当たりの追徴税額

贈与税の実地調査1件当たりの追徴税額は270万円です。これは所得税の一般実地調査の1件当たりの追徴税額183万円（令和4事務年度）と遜色ない数字です。

(4) 調査事績に占める無申告事案の割合

贈与税の実地調査の結果、非違があった事案のうち無申告事案の割合が82.8％です。この傾向は、贈与税の実地調査結果を公表し始めたころから変わっていません。無申告である事案を集中的に調査していることがわかります。(2)の通り金融資産の無申告は、ダイレクトに調査することは稀でしょう。贈与税の実地調査の大半は、相続税の調査に当たって被相続人から相続人又はそ

の親族に、もしくは相続人からその親族に対する贈与を把握して課税したのではないかと推測されます。その対象となる金融資産の名義の移動事実が、最終的に名義預金と認定されない場合、贈与となる可能性が高いからです。つまり相続税調査により把握した贈与事実に対して贈与税の期限後申告又は決定した事案がほとんどでしょう。

SECTION 5

相続税調査の過去

1 相続税の歴史

(1) 相続税の起源

　人が死亡した時に、その財産に対して租税負担を求めるというのは、血も涙もない、とてつもなく非情な租税ではないかと思うのが人情でしょう。このような税制は、国民の反発を買うので、いくら独裁体制の国といえども創設は難しいと考えられます。ところが、相続財産に課税する税制の起源は意外と古くからあります。アウグストゥスが紀元6年に退職兵士の退職金の原資として産声を上げたようです。被相続人の財産価額の5％の税率で、その後、ローマ帝国からヨーロッパ諸国に普及したといわれています。

　著者の愛読書である塩野七生著「ローマ人の物語」に詳しく言及しているところがあります。なお、この書籍は読み物として書かれていることから、著者の判断による部分が多いかもしれません。

「…それでアウグストゥスは、古代人の概念になかった「相続税」を考え出したのである。

　第1に、まったく新しい税であるから、他と比較しようがない。

　第2、毎年払うわけではない。

　第3、遺産を相続するという幸せな時期に払うので、抵抗感が薄れる。

　第4、ローマ軍の兵役を満期まで勤め上げた兵士への退職金支払いのための財源、というはっきりした目的税であるため反対しにくい。

　第5、正式名称の「相続20分の1税」が示すように、税率は5％。属州民に課される属州税の税率はその2倍の10％だから、覇権者であるローマ市民のメンツは保てるわけだ。

　第6、控除わくは、6親等までの血縁者とする。」

（塩野七生著　新潮文庫「ローマ人の物語 15　パクスロマーナ（中）」より。
数字は算用数字に変換しました。）

創設の趣意を鑑みるに、2,000 年前の税にもかかわらず現在の相続税に通じ
る部分が多いことに気が付きます。

(2)　わが国の相続税

今更ながらですが、我が国の相続税を振り返ってみましょう。明治 37 年に開
戦した日露戦争の戦費調達のために「非常特別法」を立ち上げ様々な増税改正
が行われました。その一環として明治 38 年に相続税が創設されたことは、周知
のことです。相続税は他税目の増税措置と異なり非常特別法に規定されず、単
一税制となりましたが、これは永久的な課税を目論んだようです。課税方式等
の変遷はあるにせよ、現在まで重要な税目の一つとして脈々と存在を保ってい
るのは驚くべきことです。

戦費調達という目的税であることから、戦争が終結したら存在意義がなくな
ります。しかし、相続税は資産家に対する課税であることから、一般国民から
強い反発が想定しにくいという側面があります。そこで、その存在を継続させ
るために「富の再配分」という理論を打ち立てたようです。相続人にとっては、
被相続人がコツコツため込んだ財産を、富の再配分という不思議な理論で財産
が分散されるのは極力避けたい、と考えるのも理解できないわけではないです。
そこで、当局との攻防戦が際限なく続いているのが現状です。

2　戦前の相続税

かつての相続税事務の記録はあまり残っていないようです。特に調査に関し
た手続きや事例などの具体的記録を探すのは困難です。税務大学校の租税資料
叢書第 7 巻「相続税関係史料集～導入から昭和 21 年まで」（以下「資料集」と
いいます。）に相続税の歴史が詳しく解説されています。調査に関する一部を
紹介します。

明治 38 年に創設された相続税は、他の主要税目同様賦課課税方式としました。
相続開始から 3 か月以内に相続財産の目録と財産価額の明細書を税務署に申告

38

し、課税価格は、申告や調査により税務署が決定し、相続人に通知することとなっていました。税務署に対して情報提供したうえで税額の通知が来る方式であるため、もとより財産情報を税務署に申告しない事例が多いであろうことは想像に難くありません。申告書を受理した日から1か月以内に賦課決定通知が行われ、納期が納税告知の日から30日以内とされていました。税額決定に不服があるときは通知後20日以内に税務署長に再審査の請求ができましたが、なんとも言えないほどタイトな日程です。当時も主な相続財産は土地建物等不動産でしょうが、財産の価額は時価となっていることから、時価算定に大いに悩んだことでしょう。財産情報の収集も到底完ぺきとは言えなかったことでしょう。そこには税務調査の入る余地がありそうですが、そのような記述はありません。

　相続税の課税のためには死亡情報の入手は必至です。現在も同様ですが、死亡情報は市町村からの入手が確実です。当時も旧相続税法第12条で税務署に死亡届や隠居届けをするようになっていました。一部税務署では町村役場からの通知漏れが多数あったことが判明しています。「報告漏れの多くは課税対象外と判断したためのようであるが、事務多忙による忘却だけでなく、「故意」の脱税が疑われるケースも指摘されている。」（資料集）とあり、課税逃れのために様々な手段を講じていることが窺われます。

3　戦後から昭和50年頃までの調査

　1949年（昭和24年）に国税庁が発足しました。東京国税局には「相続税課」がありましたが1950年（昭和25年）に「資産税課」と改組され、現在に続く姿となりました。1958年（昭和33年）に国税局資産税課に「特別調査班」が設置されました。1973年（昭和48年）に「資料調査課」に改組されました。

　この頃の相続税の調査についての資料は、ほとんどないようです。税務大学校税務情報センター（租税資料室）で確認したところ、昭和28年発行の「財政」第18巻に、当時の東京国税局資産税課長の川崎捨松氏の「相続税調査の話」という投稿がありました。現状と比較しながら、一部を抜粋して紹介しま

す。

相続税は、ほかの、例えば所得税や法人税のように一般に関心がもたれていない。それだけに身辺に相続が開始すると、にわかに騒ぎ出して大あわてにあわてる。

⇒感覚的には、現在とあまり変わらない。

調査が相当に長引いて、それがまとまった頃には、調査によって増加した税額とほぼ同額の利子税なども付くので、苦情や陳情を受けることもしばしばである。

⇒昭和25年の最高税率は90％、昭和27年は70％であった。これに高い利子税（延滞税）及び加算税が賦課されれば、修正する税額を超える。昭和50年代の最高税率が75％であったので、隠ぺいして重加算税を賦課されると延滞税を含めて修正申告をした財産の額を超えていた記憶がある。

「税金は国民の義務であることは十分に承知しているが、しかしない袖は振れない。」とおおように構えている人格者（？）や不当に税金の逋脱を図り、税の減額を企図する心がけの良くない者は一応別として、納税者といえども人間であることに変わりはない。税金の負担を百万円より八十万円、八十万円より五十万円にと哀訴歎願に狂奔し、手段を選ばない人があっても決して不思議ではない。

財産の増減を無視した所得調査や年々の所得の状況を顧みない相続財産の調査などは全くあり得ない。納税者の協力がなくては達成し得られるものではない。

⇒まさしくこの通りで、現在の相続税調査においても、所得税・法人税等を総合的に捉えて財産の蓄積運用状況を把握している。

無記名の公社債、定期預金等の不表現資産の調査は、相続税調査で最も困難とされているが、書画骨とうや山林立木についても同様なことが言えると思う。

40

⇒この当時から、申告書上に現れない金融資産を不表現資産と表現していることがわかる。相続税調査のターゲットは70年経っても変わっていない。

被相続人は、多数の株式を、会社の重役をはじめ、女中、使用人の名義にしておきながら、配当に対する所得税の総合課税には絶対承服しない。税務署でも非違を暴くだけの資料がなかったのか、被相続人の申立て通り配当所得の課税を取り消していた。

⇒資産の実質所有者に対する課税は、相続税でも所得税でも同様である。むしろ無記名金融資産の取扱いが無くなった現今では、名義預金で課税を免れようとする風潮が強い。名義が異なっているだけで、課税関係が異なる取扱いをすると、それを良しとする類似事案が後を絶たないであろう。

最近でも相続税の決議内容に、現金認定というのがしばしば見受けられる。しかもその金額は2、30万円から100万円程度である。法人税も「認定賞与」「認定配当」というのがあるが、相続税の場合など「認定」の文字は決議から追放すべきである。なんとなれば事実の把握がまだ十分できていないための「認定」であってはならないから。

⇒相続財産を生前から帳簿管理する必要がない相続税は、認定課税のような概算課税方式は馴染まない。不明出金があったとしても、それは概ね被相続人の行為であることが多く、その金を相続人が隠ぺい等していることを課税庁が立証すべきである。どこへ行ったか分からない金に対する使途秘匿金課税は無理である。生前に相続人が受け取ったことが分かった場合「貸付金」「立替金」「不当利得返還請求権」等の名称で相続財産に加算せよという調査官がいる。本来は贈与の範疇で課税すべきであり、安易に「認定」もしくはそれに類する名称で相続開始日に金があったろうという推測で課税するのは、今でも誤りであると考える。

4 昭和50年頃から平成半ばころまでの調査

　この時代は筆者が相続税調査の現場に従事していましたので、その実態をよく覚えています。1975年（昭和50年）に東京国税局に採用され、最初の赴任地である浅草税務署の上司は資料調査課出身の統括官と上席調査官でした。そのためもあってか、新人の調査といえども調査指導にかける意気込みはすさまじいものがありました。都区内署の始業時間は9時15分でしたが、9時10分過ぎに出張の姿勢を見せないと、即座に「今日の予定は何もないのか」と指摘が入りました。そのため、毎日帰宅前に必ず翌日の仕事の段取りをしました。要は、署内にいることは調査にならない、とにかく足で稼げということです。行政庁の末端とはいえ国家公務員の仕事に「稼ぐ」という表現は不謹慎かもしれませんが、業務の主目的は申告漏れ財産の有無を調査確認することですから、現場に赴いて調査せざるを得ません。とりわけ金融機関の調査は、9時過ぎて入店することは御法度でした。開店前に正面入り口に待機し、シャッターが開くと同時に入店するのが常道でした。確かに相続税調査の反面調査先は、関係会社、銀行、証券会社、土地の利用状況の確認等たくさんあります。いろいろ考えながら、調査先に出向いて、期待以上の情報を入手して大きな脱漏を把握したことが何度もありました。

　調査に着手する前に準備調査をします。この準備調査というのは、署内及び署外の入手できるありとあらゆる資料を収集して、調査の資とするものです。当時は、署内に「財産税」課税台帳が残っており、過去に課税された実績と課税物の記録がありました。財産税とは1946年（昭和21年）3月3日現在に所有する財産に対して一定の税率で賦課する特別法です。当時の資産家が所有する財産の貴重な情報であることから調査に当たって確認必須の項目でした。昭和21年の財産税の台帳にある貴金属類が昭和50年の調査に役に立つことは、著者の知る限りではありませんでした。

　この当時の調査のターゲットとなる資産は次のようなものでした。

① 無記名金融資産

　かつては無記名性の特別定期預金（無記名定期預金）、無記名貸付信託（以下「無記名定期預金等」といいます。）がありました。今となってはほとんど信じられないような商品です。ベテランの税理士でも遠い記憶にあるくらいでしょうから、若い税理士は聞いたことがないかもしれません。無記名定期預金等は現金と印鑑（通常は所有者以外の名義の印鑑）を届け出ることにより金融機関の窓口で普通に設定することができました。定期預金の名義人欄は「無記名様」と表示され、住所氏名の表示はありません。そのため税務調査によっても容易に真実の所有者が特定できないであろうと考え、相続税の脱漏のための財産として、多くの資産家が保有していました。勢い、相続税調査の最大のターゲットは、被相続人の取引金融機関の無記名定期預金等の調査ということになります。昭和の時代の相続税調査は、銀行、信託銀行等金融機関（以下「銀行等」といいます。）に赴いてその店舗にはどのくらい無記名定期預金等があるか、その印鑑届の管理状況、真実の所有者の解明状況、未解明の場合はその理由等々を支店長又は預金課長に対して質問し、その店舗の情報を十分把握したうえで調査を開始しました。しかも開店と同時に調査官が入って調査をするものですから、関係者にとっては、一日の業務の大半を調査の対応に割かれることになります。

　筆者の経験で次のような事例がありました。

○　被相続人の実名普通預金口座、定期預金口座の入出金伝票を丹念に括っていると、現金払いされた定期預金利息以上に普通預金の入金があった。他の定期預金の利息であろうと推認された。前後の伝票に無記名定期預金の利払いがあり、その利息の合計額が普通預金に入金されていた。ひとつでも無記名預金口座が見つかれば、あとは芋づる式に被相続人に繋がる口座に辿り着く。この事案は、名字の異なった三文判といわれる印鑑を大量に購入し、無記名定期預金を多数に設定していた。結局は調査で表に出さざるを得なくなったのだが、その証書

の届け出印鑑の保管場所を確認したら、なんと台所にある冷凍庫の中に鎮座していた。もちろん印鑑は凍っていたが。

○　旧家の蔵の中を探索して、（たぶん）相続人も知らなかった埃にまみれた無記名定期預金証書を見つけたこともあった。

○　無記名口座の実質的な所有者は、当行では全く把握していない、と豪語した支店長がいた。通常、他人の金を預かり運用している金融機関は、実質所有者を全く知らないということはあり得ない。午後3時に窓口が閉鎖され、得意先担当者が全員戻ってきたところで、窓口担当者を含め全員を集め、無記名定期預金の印鑑届を回覧し、どこの誰の預金であるか知っている限りの情報をメモするようにとお願いした。その結果、50％以上の無記名定期預金の実質所有者が判明した。

　このような事例は枚挙にいとまがありません。

　当時、信託銀行は貸付信託を売り出して大変評判の良い商品でした。定期預金より利率が良く、2年物5年物とありましたが長期の運用を狙った商品なのでほとんどが5年ものを設定していました。貸付信託にも無記名の証書式、後年は通帳式がありました。半年ごとの利払いの時に無記名の貸付信託は「源泉徴収選択届出書」を提出することになっていました。無記名ですから届出住所や氏名は全くいい加減なものです。同一証書であってもでたらめな住所氏名を半年ごとに提出し、銀行も指摘することなくただただ財産隠匿の商品として運用されていた感があります。このような無記名貸付信託が、調査している被相続人と結びつけることが出来そうにもなさそうですが、国税にはノウハウがあります。5年間半年ごとに源泉徴収選択届出書に、でたらめな住所氏名を書くと10回です。無記名貸付信託5本を運用していると満期まで50回書くことになります。最初は気合いを入れて、いい加減な氏名を書いたとしても、次第に面倒になるのでしょう、真実の住所や氏名に近い名称をうっかり書いてしまうことがあります。例えば被相続人甲野乙郎が10回のうち1回でも「甲野丙郎」や「丙野乙郎」と書いてしまえば、調査官にとってはしめたものです。芋づる式に真実の

所有者に辿り着くことになります。

　無記名定期預金等の実質的所有者の解明を銀行等に迫ることや、調査技術の向上により真実の所有者が解明されることが多くなりました。もちろん無記名定期預金等ですから金融機関がその所有者を解明する義務は無いですが、もはや財産隠匿の有効な商品ではなくなり、実務的には所有者の不明な商品を取り扱うことの危険性や、税務調査のわずらわしさから実質所有者が次第に解明されるようになりました。これらのことから金融機関は無記名定期預金等を積極的に売り出すことを控えるようになりました。昭和27年2月以来取り扱われてきた無記名定期預金等は、大蔵省銀行局長通達により昭和63年3月31日以後の新規の受け入れは廃止されています。結局、無記名定期預金等は昭和時代のあだ花のようなものです。

② 　割引金融債

　無記名定期預金等の活用がトーンダウンするに従い、財産の運用は主に割引金融債にシフトしていきました。割引金融債（以下「割引債」といいます。）とは日本興業銀行や長期信用銀行等が発行していた商品で、日本興業銀行の商品はワリコー、長期信用銀行はワリチョーと呼ばれて大変人気がありました。発行時に1年間の利息相当分を額面金額から割り引いて発行し、1年後の償還期限に額面金額を返済する利息先取り方式の債券です。1万円から購入でき、債券発行金融機関や証券会社等において記名式口座で購入し保護預りで運用することができましたが、調査の対象となったのは無記名式の現物割引債でした。窓口で現金と引き換えに簡単に買うことができ、1年後の償還にあたって証券を窓口に提出するだけで身分確認が必要なく即座に換金できました。利回りの良い商品でもあったために人気があり、特定の人にとってはとてつもなく便利この上ない商品で、財産隠匿の温床ともなっていました。証券は、当初は大判の重々しいものでしたが、1,000万円券、5,000万円券といえども小ぶりなサイズに変更され、本に挟んでおけば気付かれることがありません。日本の最高紙幣は1万円札ですが、当時は1,000万円札のような呼び方をしていました。実際、

償還期限の証券を窓口に差し出せば、本人確認をされることなくほとんど無条件で額面通りの現金が手渡されました。筆者の経験で次のような事例がありました。

○　割引債 1,000 万円を A 銀行渋谷支店で購入し、1 年後の償還を A 銀行新宿支店で行い現金で受け取って、その足で B 銀行新宿支店に行き 1,000 万円の債券を購入する。1 年後その債権を B 銀行渋谷支店に持ち込んで償還金 1,000 万円を受け取って、A 銀行渋谷支店で購入…というように数億円の資金を毎月毎月こまめに銀行巡りして隠ぺい工作をしていた。結局は、ちょっとした端緒から見つかってしまった。被相続人の長年の行動を丹念に追いかけていくと完璧に仮装しているようでも、小さなミスを犯すことがある。割引金融債は、発行日が確か毎月 27 日となっていた。そのため被相続人の普通預金口座で毎月 27 日の預金の動きを丹念にチェックすると、高額ではあるが端数がある出金、少額な半端な入金は、割引債の購入や償還が想定された。

○　証券の発行が毎月あることから「1 月債」「8 月債」という呼び方をしていた。相続税の申告に多額の現物の割引債の申告があった事案である。申告された割引債をチェックすると、全て偶数月の証券であった。一般的に資産を運用するときに、偶数月の証券だけを購入することは考えられない。割引債を所有している人は、運用利回りに長けている。この事案は必ず奇数月の割引債も購入している、という確信から調査に着手して結局多額の申告漏れを把握した。

割引金融債は、ワリコーが 2007 年（平成 19 年）4 月以降新規発行廃止となるのと前後して、様々な事情から今では個人の商品としては発行されていません。

③　郵便貯金

郵便貯金は税務調査が手薄であるという風評があり、財産隠匿の温床でした。郵便局調査も割引金融債の調査と同様、国税調査が積極的に行われるようになり、郵便貯金の預入限度額を大幅に超えた預け入れや、様々な

架空名義貯金等で運用していることが税務調査で暴かれる事例が頻発しました。当時の定額郵便貯金は、名義管理が非常にルーズで、預入限度額300万円の頃に数千万円を預け入れる手段として、名義を分散することはごく普通に行われていました。次のような事例がありました。

○ 「義男」氏が8,000万円の定額貯金を名義分散して預けた。漢字ひらがなを駆使して、義雄、良夫、よし男、吉雄等々際限なく名義を創出していた。預入限度額はあったが、実態は、なかった。

○ 今でも不快な記憶であるが、飼い犬の名前で定額郵便貯金を設定していた事案もあった。郵便局調査で、苗字は同じだが、名前がペットのようだ、という定額貯金があった。同行調査官に確認すると、臨宅調査の時に、飼い犬を呼んだ時の名前がたまたま、調査官の記憶に残っていたので確信できた。

SECTION **6**

相続税調査の近年の傾向と方向

1 近年の傾向

(1) 税務調査の傾向

　国税庁が例年12月頃に、主要税目の前事務年度の調査結果を公表しています。公表内容は各税目の「実地調査件数」「申告漏れ等の非違件数」「申告漏れ金額」「追徴税額」「加算税の賦課件数」「重加算税賦課件数」等が主なものです。それらの数値が総数に占める割合も同時に公表しています。主要税目の調査の他に、その調査年で特に力点を置いた調査項目の調査結果についても公表の対象です。

　例えば、所得税はこの10年ほど「富裕層」「海外投資等を行っている個人」「インターネット取引を行っている個人」「無申告者」に力点を置いています。特にインターネット取引の中でも、シェアリングエコノミー等新分野の経済活動や暗号資産取引に注力しています。法人税についても「海外取引法人」「無申告法人」「消費税還付申告法人」が主ですが「広域展開するグループ法人」「公益法人」などが調査対象となった年があります。

(2) 相続税調査の傾向

　相続税及び贈与税の調査結果についても同様に公表されており、公表内容から調査の傾向が見えます。近年は「富裕層」「海外関連事案」及び「無申告事案」に重点を置いています。

　相続税の調査状況では、次の案件が対象となっています。各調査対象の詳細は別項で解説します。

公表された調査対象事案の区分		
調査対象区分	公表開始年度	公表開始調査対象年
○一般の実地調査事案	毎年 12 月頃	相続税の基本的な調査結果
○海外関連事案	平成 13 (2001) 事務年度の調査結果	2003 年から公表
○無申告事案	平成 17 (2005) 事務年度の調査結果	2009 年から公表
○贈与税実地調査事案	平成 23 (2011) 事務年度の調査結果	2012 年から公表
○簡易な接触事案	平成 28 (2016) 事務年度の調査結果	2018 年から公表

① 富裕層

　高額な財産を所有する者はかねてより税務当局の調査・管理対象となっていますが、近年は財産を海外に逃避する事例が顕著であることや、財産の運用が巧妙になってきていること等から、相続税のみならず所得税、法人税等、総合的な管理対象となっています。

② 海外関連事案

　海外関連事案は所得税、法人税等各税共通の調査重点事項です。相続税調査は海外に及ばないであろうと考え、あえて財産を海外に逃避させる事例が多くなっています。また近年は海外投資が盛んになり人も流動的になっていることにより、海外に財産を移転しやすくなっています。

③ 無申告事案

　相続財産の大半が金融資産である場合、調査によっても把握されないと考えるためか、相続税の無申告が目に余るようになってきたのではないかと思われます。相続財産の過半は土地、土地の上に存する権利及び家屋等不動産（以下「土地家屋等」といいます）が占めています。土地家屋等については隠匿隠蔽が困難であること、課税庁が所有状況を確認することが容易であるため、課税対象者の抽出は難しいものではありません。しかし、相続税調査で申告漏れの過半は金融資産です。そのため、金融資産の情報収集は、課税当局の一つの大きな柱です。額の多寡にかかわらず金融資産情報は日々積み上がっていると考えたほうがいいでしょう。

2 今後の調査対象

　相続税調査の大局的な流れ（富裕層事案・海外関連事案・無申告事案）は変わらないと思われます。調査対象財産は、現金、預貯金、有価証券等金融資産がターゲットであることも変化がなさそうです。おそらく相続税調査が始まったころから基本的に金融資産の申告漏れが重要なターゲットであったことでしょう。商品の質に多少変動があるかもしれませんが、財産の運用先である限りは、調査の対象となります。特に国内での運用は、家族名義預金・家族名義証券等が目につきます。これらはとりもなおさず、調査対象財産として根幹であり最重要財産です。

　しかし、近年は金融資産の新しい商品が開発されており、また、ネット上に保管される財産（暗号資産（Crypto Asset）2019 年 5 月 31 日金融商品取引法の改正により仮想通貨（virtual currency）の呼称が変更された。2020 年 4 月施行）等を課税当局は十分研究していると考えられます。将来のターゲットになるかもしれませんが、一般的な相続税調査に大きな変化はなさそうです。

SECTION 7

富裕層

1 富裕層とは

　課税庁は富裕層に対する管理、課税を強化していることを様々な媒体を通して喧伝しています。しかし対象となる富裕層の定義は公表していません。税目が異なりますが「令和4事務年度における所得税及び消費税調査等の状況について」において「富裕層」の調査結果を公表しています。しかし、基準についての言及はありません。

　グローバル・ウェルス・レポート（クレディ・スイス証券）2022年版では富裕層を次のように定義づけています。

　・ミリオネア層＝100万米ドル以上の資産を有する成人（6,250万人/世界）
　・超富裕層＝5,000万米ドル以上の資産を有する成人（26万人/世界）

　日本のミリオネア層は336万人で世界第3位、超富裕層は4,870人で世界第6位となっており、年々確実に増加しています。

　日本の富裕層は野村総合研究所が公表しています。それによると預貯金、株式、債券、投資信託、一時払い生命保険や年金保険など、世帯として保有する金融資産の合計額から負債を差し引いた「純金融資産保有額」を基準として、1億円以上5億円未満の世帯を富裕層、5億円以上を保有している世帯を超富裕層と定義しています。課税庁の管理対象としている富裕層及び超富裕層についてもこれに準ずると考えられます。なお、同研究所の2023年3月のリリースによりますと、2021年の富裕層が139.5万世帯、超富裕層が9.0万世帯と推計されています。

有価証券・不動産等の大口所有者、経常的な所得が特に高額な個人、海外投資等を積極的に行っている個人など、「富裕層」に対して、資産運用の多様化・国際化が進んでいることを念頭に積極的に調査を実施しています。

○　令和4事務年度においては、2,943件（前事務年度2,227件）実地調査（特別・一般）を実施しました。

○　1件当たりの申告漏れ所得金額は、3,331万円（同3,767万円）となっており、所得税の実地調査（特別・一般）全体の1,456万円（同1,613万円）に比べ、昨年同様2.3倍となっています。また、申告漏れ所得金額の総額は、過去最高だった昨年をさらに上回り980億円（同839億円）に上ります。

○　1件当たりの追徴税額は623万円（同1,067万円）で、所得税の実地調査（特別・一般）全体の274万円（同323万円）に比べ2.3倍となっています。また、追徴税額の総額は183億円（同238億円）に上ります。

○　特に、海外投資等を行っている「富裕層」に対しては、1件当たりの追徴税額は1,068万円（同2,953万円）で、所得税の実地調査（特別・一般）全体の274万円に比べ3.9倍と特に高額となっています。

（令和4事務年度所得税及び消費税調査等の状況Ⅱ1（富裕層に対する調査状況））

2　超富裕層に対する管理対応

　かねてより、相続税では超富裕層の調査は最優先でした。近年は海外関連事案と絡んでくることが多くなっているため、総合的な管理が必要となり、2014年（平成26年）に主要国税局（東京局、大阪局、名古屋局）に高額資産家（超富裕層）を対象とした重点管理富裕層プロジェクトチームが創設されています。2017年7月以降、各国税局に展開しているようです。東京国税局は課税第1部統括実査官（国際担当）の富裕層担当が所管しています。

　管理の基準は超富裕層ですが、その基準は未公表です。概ね純金融資産が5億円以上であるほか、それに準ずる重要な者も管理されることが想定されます。

　税務署の資産課税部門は、かねてより富裕層を「超大口資産家」として管理していました。富裕層管理の組織が変更になったことで超大口資産家の管理体

制が変わり名称もなくなったようです。ただ、超富裕層には該当しないが相応の収入又は資産がある者についての管理及び集中調査が必要であることから「大口資産家」として継続管理の対象となっているようです。

3 管理対象者

(1) 管理対象者

　管理調査の対象となる者は特に重点的に管理すべき富裕層です（以下「重点管理富裕層」といいます）。重点管理富裕層の中心となる個人（以下「資産家」といいます）とは限りません。富裕層の最大の関心事は相続税でしょう。相続税対策のベースとなるのは贈与の活用ですが、贈与税の課税逃れが想定されます。これらの行為を総合的に監視するため、資産家の親族も対象となります。また、関係法人を絡めた資産運用を行っていることも多くあります。さらに、富裕層と海外資産は切っても切れないことから、海外関連情報の収集と活用を個人及び法人両サイドから行っていると考えられます。

【管理対象と推測される富裕層】
　　①　資産家
　　②　資産家の家族及び親族
　　③　資産家の関係法人
　　④　資産家の家族及び親族の関係法人

(2) 選定基準

　重点管理富裕層の選定基準は公表されていません。様々な情報から推測するしかありませんが、資産の所有情報に基づき金額基準のみで選定すると重要な資産家を漏らすことが考えられますので、概ね次の形式基準及び実質基準で選定及び管理されているようです。

基準の区分	概　　要
形式基準	・土地等不動産の所有が多額な者 　　土地等の所有状況は、固定資産税課税台帳等で確認できる。 ・有価証券等金融資産が多額な者 　　上場株式の所有状況、財産債務調書等で把握できる。
実質基準	・形式基準に準ずる資産の所有が見込まれる者 　　形式基準に該当しない者であるが、各種資料により高額な金融資産を所有していると思われる者、高額な譲渡所得があるような者等が該当する。 ・国際的租税回避が見込まれる者 　　国外財産調書、国外送金調書等公的資料から判断して、多額の国外財産を所有していると見込まれる者 ・関係法人の規模が大きく資産内容が良い 　　相応の株式を所有し、給与、配当収入が多額である。

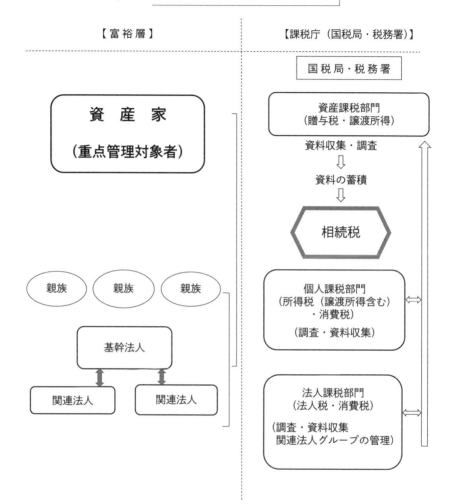

第1章 相続税調査の近年の傾向

55

SECTION 8

海外関連事案

調査の概要

1　海外関連事案の調査

(1)　所得税、法人税等の調査における海外関連事案

　近年は国税全般に海外関連事案の調査に注力しています。所得税、法人税及び消費税の調査事績の公表資料からも強い意気込みがうかがわれます。

　「経済社会の国際化に適切に対応していくため、有効な資料情報の収集に努めるとともに、海外投資を行っている個人や海外資産を保有している個人などに対して、国外送金等調書、国外財産調書、租税条約等に基づく情報交換制度のほか、CRS情報（共通報告基準に基づく非居住者金融口座情報）などを効果的に活用し、積極的に調査を実施しています。」

（「令和4事務年度における所得税及び消費税調査等の状況について」）

(2)　海外関連事案調査事績（所得税・相続税・法人税合計）

　国税庁は「国際戦略トータルプラン」において、海外関連事案の調査状況を公表しています。次の表は所得税、相続税及び法人税における海外関連事案の調査件数を合計したものです。年々調査件数及び全調査事案の中での海外関連事案の調査件数の割合が高まっていることがわかります。

56

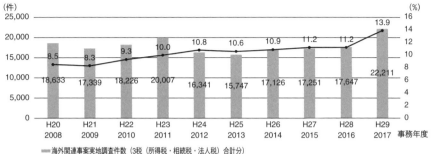

(国税庁「国際戦略トータルプラン」に基づく具体的な取り組み状況：2019年1月)

2 相続税の海外関連事案の調査

(1) 相続税の海外関連事案の調査状況

相続税調査の場合も「令和4事務年度における相続税の調査の状況」の「海外資産関連事案に対する調査状況」において次のようにコメントして、調査事績を公表しています。

「納税者の資産運用の国際化に対応し、相続税の適正な課税を実現するため、CRS情報（共通報告基準に基づく非居住者金融口座情報）をはじめとした租税条約に基づく情報交換制度などを効果的に活用し、海外取引や海外資産の保有状況の把握に努めています。」

(2) 海外資産関連事案に係る財産別非違件数の推移

海外関連事案の相続税の調査において、申告漏れ財産の種類及び金額の推移は次の表の通りです。現金・預金及び有価証券等の金融資産の漏れが過半を占めることがわかります。個人で海外不動産に多額の投資をすることが稀であるためか、不動産の申告漏れ割合は少ないようです。金融資産は海外に移転しやすいこともあり多額の申告漏れが指摘されています。

海外資産関連事案の財産別非違件数の推移

(延件数)

事務年度	現金・預貯金等	不動産	有価証券	その他	合計
令和4 (2022)	103	24	19	72	218
令和3 (2021)	79	15	13	41	148
令和2 (2020)	48	15	16	42	121
令和元 (2019)	80	20	28	61	189
平成30 (2018)	65	34	26	64	189
平成29 (2017)	59	27	22	63	171
平成28 (2016)	58	20	20	51	149
平成27 (2015)	65	32	33	42	172
平成26 (2014)	67	25	35	43	170
平成25 (2013)	60	20	31	46	157
平成24 (2012)	70	18	15	36	139
平成23 (2011)	54	27	26	43	150
平成22 (2010)	62	32	34	41	169
平成21 (2009)	36	13	26	34	109
平成20 (2008)	39	24	18	22	103

(国税庁公表資料を基に著者作成)

(3) 海外資産関連事案に係る地域別非違件数の推移

　調査により申告漏れが把握された財産の所在国は次の通りです。約半数が北米となっています。

海外資産関連事案の地域別非違件数の推移

（延件数）

事務年度	北米	アジア	欧州	オセアニア	その他
令和4 (2022)	82	63	24	15	0
令和3 (2021)	47	44	11	17	4
令和2 (2020)	43	29	21	6	6
令和元 (2019)	73	43	24	12	6
平成30 (2018)	73	37	22	15	5
平成29 (2017)	62	35	24	16	1
平成28 (2016)	65	30	19	9	3
平成27 (2015)	61	40	12	8	1
平成26 (2014)	56	33	19	11	7
平成25 (2013)	62	32	18	13	3
平成24 (2012)	51	33	15	19	0

（国税庁公表資料を基に著者作成）

(4) 海外関連事案の調査結果の推移

　平成13（2001）事務年度から令和4（2022）事務年度までの海外関連事案の実地調査の結果が公表されています。「調査件数」「非違件数」「重加算税賦課件数」「申告漏れ課税価格」「1件当たりの申告漏れ課税価格」の推移は次の通りです。

海外関連事案の調査結果の推移

事務年度	調査件数 （件）	非違件数 （件）		重加算税賦課件数 （件）		申告漏れ課税価格 （億円）		1件当たり （万円）	
		海外分 のみ	国内分 含む	海外分 のみ	国内分 含む	海外分 のみ	国内分 含む	海外分 のみ	国内分 含む
令和4 (2022)	845	174	700	9	72	70	340	4.028	4.855
令和3 (2021)	660	115	558	15	72	56	291	4.869	5.219
令和2 (2020)	551	96	463	9	63	34	298	3.579	6.430
令和元 (2019)	1,008	149	826	25	106	77	383	5,193	4,642
平成30 (2018)	1,202	144	975	8	117	59	340	4,064	3,491
平成29 (2017)	1,129	137	884	6	84	70	490	5,188	5,537
平成28 (2016)	917	117	699	9	67	52	284	4,483	4,061
平成27 (2015)	859	112	643	7	49	47	228	3,999	3,567
平成26 (2014)	847	112	640	14	63	45	382	4,034	5,965
平成25 (2013)	753	124	580	17	65	163	370	13,176	6,371
平成24 (2012)	721	113	573	16	68	26	218	2,327	4,051
平成23 (2011)	741	111	568	20	69	72	300	6,478	5,277
平成22 (2010)	695	116	549	17	81	59	267	5,047	4,856
平成21 (2009)	531	85	426	9	76	91	319	—	7,477
平成20 (2008)	475	89	377	—	63	73	353	—	9,362
平成19 (2007)	407	78	334	—	42	67	308	—	9,227
平成18 (2006)	364	62	292	—	46	26	148	—	5,075
平成17 (2005)	297	58	237	—	35	53	136	—	5,717
平成16 (2004)	255	59	197	—	—	31	129	—	6,529
平成15 (2003)	255	26	212	—	—	9	90	—	4,262
平成14 (2002)	194	42	155	—	—	11	83	—	—
平成13 (2001)	117	30	100	—	—	7	47	—	—

（国税庁公表資料を基に著者作成）

3 海外関連事案調査データからわかること

(1) 調査件数

　海外関連事案に対する調査件数は、2020年（令和2年）に拡大したコロナ禍の特殊事情のため減少したことを除けば、確実に増加していることがわかります。海外関連事案の調査は原則として国際税務専門官（資産税）が担当します。国際税務専門官は広域担当となっており、税務署の数だけ配置されているわけではありません。そのため調査件数も限られます。それでも海外関連事案の調査件数が年々伸びているということは、一般職員でも海外関連事案の調査を積極的に行っていると考えられます。国際税務専門官の調査指導等により一般職員の海外関連事案の調査能力が底上げとなっているのでしょう。

(2) 非違のあった件数

　令和4事務年度における調査により非違が把握された割合は、海外分のみでは20.6％ですが、国内財産を含んだところでは約82.8％となります。令和4事務年度以前10年間の平均では、海外分のみで約14.6％、国内財産を含んだところでは約79.4％となります。非違割合が高いことがわかります。

(3) 重加算税賦課割合

　令和4事務年度の海外財産の申告漏れに対する重加算税の賦課件数は9件であり約5.1％です。国内財産を含んだところの重加算税賦課割合は約10.3％です。令和4事務年度以前10年間の平均では、海外分のみで約9.3％、国内財産を含んだところでは10.9％です。

(4) 1件当たりの申告漏れ課税価格

　令和4事務年度における調査による1件当たりの申告漏れ課税価格は、海外財産のみで4,028万円、国内財産を含むと4,855万円です。令和4事務年度以前10年間の平均では、海外分のみで5,261万円、国内財産を含んだところでは5,013万円です。令和4事務年度における実地調査1件当たりの申告漏れ金額が3,209万円です。海外関連事案の1件当たりの申告漏れ金額と大幅な開きがあります。やはり、海外資産に係る事案は相続税についての納税者の意識が高く、

対策を講じていることをうかがわせます。

課税庁における国外財産の把握の手段

1 国外財産の把握

　人の流れが国際的となっている現代においては、国外に財産を所有することは珍しいことではありません。相続税対策として国外に財産を逃避させる事例も多くあります。国外財産には様々ありますが、その原資が国内にあり、課税を回避したものもしくは回避しようとしているものであれば、課税庁は見逃しにできません。あらゆる手段を講じて国外財産の把握に努めています。特に近年は調査によって国外財産を暴き出すことより、納税者自身が生前に国外財産の所有状況を自主的に申告させる制度を矢継ぎ早に創出することによって牽制し、課税の原資としています。

　課税庁が国外財産を把握する手段の一端を解説します。

2 国外送金法

(1) 国外送金法の目的

　国外財産の資料収集に関する基本的な法律は「内国税の適正な課税の確保を図るための国外送金等に係る調書の提出等に関する法律」（以下「国外送金法」といいます）です。

　国外送金法とは、納税義務者の外国為替その他の対外取引並びに財産及び債務の国税当局による把握に資するため、国外送金等に係る調書の提出等に関する制度を整備し、所得税、法人税、相続税その他の内国税の適正な課税の確保を図ることを目的とします（国外送金法1）。課税当局が納税者の海外取引及び財産を把握し課税の資とすることを明確に宣言しています。この法律を無視して国外財産を取り扱うことはできません。

62

(2) 国外財産の把握の手段

国外送金法における国外財産の把握手段として「国外送金等調書」「国外証券移管等調書」「国外財産調書」「財産債務調書」が規定されています。これらの調書は法定調書です。法定調書とは「所得税法」「相続税法」「租税特別措置法」及び「内国税の適正な課税の確保を図るための国外送金等に係る調書の提出等に関する法律」の規定により税務署に提出が義務づけられている資料をいいます。また、各規定は創設後改正され整備が進んでいます。例えば罰則を付することや、国税通則法と異なった加算税の加重又は緩和を加えています。

---

3 国外送金等調書

(1) 国外送金等調書とは

国外送金等調書とは、国外送金する者又は国外からの送金等の受領をする者（以下「送金者」又は「受金者」といいます）が金融機関に対して告知書を提出しますが、それを受けて金融機関が作成し営業所等の所在地の所轄税務署長に提出する法定調書のことをいいます（国外送金法3、4）。調書には次の事項が記載されます（国外送金法4①、国外送金法規10①②）。

送受金の区分	調書の記載事項
国外送金の場合	送金者の氏名又は名称 送金者の個人番号又は法人番号 送金者の住所 送金した金額 送金年月日、原因等 送金相手国、相手方の氏名又は名称
国外からの送金の受領の場合	受金者の氏名又は名称 受金者の個人番号又は法人番号 受金者の住所 送金を受けた金額 受金年月日、原因等 受金相手国、相手方の氏名又は名称

(2) 告知書

告知書とは、送金者又は受金者が基準額を超える送金又は受金をするときに、

金融機関に対し提出する書類です（国外送金法 3 ①）。

(3) 送金金額の基準

　国外への送金又は国外からの送金を受領（以下「国外送金等」といいます。）した金額が 100 万円を超えるものについて、金融機関から税務署に提出されます（国外送金法令 8 ①）。この制度は 1998 年（平成 10 年）に施行され、海外取引や国外財産の把握に非常に効果が高いものでした。当初の提出基準は送受金額 200 万円超であったものが、送受金額を 100 万円に分割するなどして提出を回避する事例があることから、2009 年（平成 21 年）4 月 1 日以降にされる国外送受等から 100 万円超に引き下げられています。

(4) 提出枚数

　2022 年（令和 4 年）度の提出枚数は 790 万枚で、制度が導入された 1998 年（平成 10 年）度 244 万枚に比して約 3 倍になっています（国税庁レポート 2024）。

(5) 活用

　国外送金等調書は、国外取引を把握する非常に活用効果の高い資料です。法人に限らず個人事業者の課税資料として活用されています。国外送金等調書があるだけでは、国外送金等の理由が判断できません。事業者名の国外送金等調書を入手したとしても、それを元に税務調査に着手するのは課税庁の事務量の点からも無理でしょう。そこで「国外送金等に関するお尋ね」等の照会文書を送金者又は受金者に送り、送受金理由等を確認します。その結果をもとに所得税資料、法人税資料等に振り分けて活用します。送金理由の中には、米国本土やハワイ州の不動産の取得費又は管理費との回答があるかもしれません。この場合、回答は課税資料としては活用できません。しかし国外財産を保有している確実な資料であるので活用できる時が来るまで KSK システムで保存管理します。活用できる時とは、通常、相続開始の時です。国外財産を所有していることを生前に明確にした動かぬ証拠となります。

　国外送金等のお尋ね文書等を無視して放置することは避けます。課税庁の照会は相応の理由があります。回答しないことは何らかの課税関係が生じてしまうことを恐れているとみなされます。税務調査を呼び込むだけでしょう。

4 国外財産調書

(1) 国外財産調書とは

　国外財産調書とは、個人が所有する12月31日現在の国外財産の価額の合計額が5,000万円を超える場合、翌年6月30日までにその国外財産の種類、価額等を記載して税務署長に提出する書類です（国外送金法5）。2014年（平成26年）1月1日以後に提出すべき国外財産調書（初回は平成25年分）から適用されています。2022年（令和4年）分までは、12月31日現在の国外財産の価額の合計額が5,000万円を超える場合、翌年3月15日までに提出することになっていました。また令和2年度の税制改正により、相続国外財産に係る相続直後の国外財産調書等への記載の柔軟化への見直しが行われました。

　相続の開始の日の属する年（以下「相続開始年」といいます）の12月31日においてその有する国外財産に係る国外財産調書については、相続又は遺贈により取得した国外財産（以下「相続国外財産」といいます）を記載しないで提出することができることとなりました。この場合の国外財産調書の提出義務については、国外財産の価額の合計額からその相続国外財産の価額の合計額を除外して判定します。この改正は、2020年（令和2年）分以後の国外財産調書又は財産債務調書について適用されます。

　なお、相続等により取得した国外財産についての調書の提出期限が、従前は相続開始年の翌年であったものを相続開始年の翌翌年に変更されました。

(2) 国外財産調書に記載する事項

　国外財産調書には次の事項を記載します（国外送金法5①）。

① 氏名
② 住所又は居所
③ 個人番号
④ 国外財産の種類、数量及び価額

(3) 国外財産の価額の判定

　国外財産の価額は、その年の12月31日における「時価」又は時価に準ずる

ものとして「見積価額」によります（国外送金法規 12 ⑤）。

　時価とは、その年の 12 月 31 日における財産の現況に応じ、不特定多数の当事者間で自由な取引が行われる場合に通常成立すると認められる価額をいい、その価額は、専門家による鑑定評価額、金融商品取引所等の公表する同日の最終価格（同日の最終価格がない場合には、同日前の最終価格のうち同日に最も近い日の価額）などをいいます。見積価額とは、その年の 12 月 31 日における財産の現況に応じ、国外財産の取得価額や売買実例価額などを基に、合理的な方法により算定した価額をいいます（「内国税の適正な課税の確保を図るための国外送金等に係る調書の提出等に関する法律（国外財産調書及び財産債務調書関係）の取扱いについて」）。

(4) 加算税の取扱い

　国外財産に係る所得税又は国外財産に対する相続税に関して、修正申告書若しくは期限後申告書の提出又は更正若しくは決定があり、過少申告加算税等が賦課される場合は、次のように取り扱われます（国外送金法 6）。国税通則法と異なっており、国税通則法の特例措置とでもいうべき取扱いです。加重と軽減措置があることから、いわばアメとムチですが、国外財産調書の適正な提出を促すための効果的な制度の創出といえます。

　なお、2020 年（令和 2 年）から加算税の取扱いが厳しくなりました。相続人が提出すべき調書に申告漏れとなった財産の記載がない場合、相続税についても加算税が加重されます。2020 年（令和 2 年）分所得税又は 2020 年（令和 2 年）4 月 1 日に以後に相続若しくは遺贈により取得する財産について適用されます。

提出及び記載の有無	所得税等 (注1)・相続税の申告漏れに対する過少申告加算税等の対応
一般的な場合	10 % (注2) 又は 15 %
(1) 国外財産調書の提出がある場合 　提出期限内に提出された国外財産調書に、申告されなかった国外財産の記載がある場合	・所得税等及び相続税の過少申告加算税等が5 %減じられる。
当局の求めに応じ関連資料(注3) を期限までに提示・提出しない場合	・過少申告加算税等の軽減は不適用
(2) 国外財産調書の提出がない場合等 　提出期限内に提出がない場合又は提出期限内に提出された国外財産調書に記載すべき国外財産の記載がない場合 (重要な事項の記載が不十分と認められる場合を含む)	・所得税等及び相続税の過少申告加算税等が5 %加重される。 ・相続国外財産を有する者の責めに帰すべき事由がない場合、加重の対象外となる。 ・死亡した者の所得税等については適用がない。
当局の求めに応じ関連資料(注3) を期限までに提示・提出しない場合	・加重割合が5 %から10 %に変更される。

(注1) 所得税等とは所得税及び復興特別所得税をいいます。
(注2) 期限内申告額と50万円のいずれか多い金額を超える分は15 %です。
(注3) 関連資料とは取引明細等のフロー資料情報をいいます。

　平成29（2017）事務年度の相続税及び所得税の実地調査の結果、特例措置を適用した件数及び対象となった増差所得等金額は次の通りです。加重措置の件数が多いです。国外財産に関する取引または財産について、国外財産調書以外から端緒を把握しており、それが効果を発揮している証左でしょう。

国外財産調書調査における加算税賦課状況

事務年度	軽減措置		加重措置	
	件数 (件)	増差所得等金額	件数 (件)	増差所得等金額
令和4 (2022)	146	40億6,433万円	329	119億1,183万円
令和3 (2021)	135	41億9,893万円	293	439億2,378万円
令和2 (2020)	126	43億3,960万円	307	88億792万円
令和元 (2019)	214	51億2,588万円	475	112億8,924万円
平成30 (2018)	194	49億8,814万円	245	112億9,380万円
平成29 (2017)	168	45億7,467万円	194	51億1,095万円

(国税庁公表資料を基に著者作成)

(5) 罰則

国外財産調書に関して次の事実があるときは、1年以下の懲役（2025年（令和7年）6月1日以後は「拘禁刑」）又は50万円以下の罰金に処されます（国外送金法9三四、10①②）。

① 偽りの記載をして提出した場合

② 正当な理由がなく提出期限内に提出しなかった場合

③ 調査官の質問に対して答弁せず、若しくは偽りの答弁をし、又は検査を拒み、妨げ、若しくは忌避したとき

④ 物件の提示又は提出の要求に対し、正当な理由がなくこれに応じず、又は偽りの記載若しくは記録をした帳簿書類その他の物件（その写しを含みます）を提示し、若しくは提出したとき

(6) 提出件数及び財産額

2022年（令和4年）分（2022年（令和4年）12月31日時点）の国外財産調書の提出件数及び財産の価額等は次の通りです。

イ　提出件数及び国税局別件数

	提出件数		財産額	
	件数 （件）	割合 （％）	金額 （億円）	割合 （％）
東京局	7,900	63.2	4 兆 3,549	76.1
大阪局	1,867	14.9	6,996	12.2
名古屋局	861	6.9	2,234	3.9
その他	1,866	14.9	4,442	7.8
合計	12,494	100.0	5 兆 7,222	100.0

ロ　財産の種類別総額

財産の種類	総額 （億円）	割合 （％）
有価証券	3 兆 4,569	60.4
預貯金	7,775	13.6
建物	4,842	8.5
貸付金	1,754	3.1
土地	1,568	2.7
上記以外の財産	6,713	11.7
合計	5 兆 7,222	100.0

（イ及びロは、国税庁公表資料を基に著者作成）

ハ　提出件数の推移

年分	提出件数 (件)	財産総額 (億円)
2022 年 (令和 4 年)	12,494	5 兆 7,222
2021 年 (令和 3 年)	12,109	5 兆 6,364
2020 年 (令和 2 年)	11,331	4 兆 9,654
2019 年 (令和元年)	10,652	4 兆 2,585
2018 年 (平成 30 年)	9,961	3 兆 9,014
2017 年 (平成 29 年)	9,551	3 兆 6,662
2016 年 (平成 28 年)	9,102	3 兆 3,017
2015 年 (平成 27 年)	8,893	3 兆 1,643
2014 年 (平成 26 年)	8,184	3 兆 1,150
2013 年 (平成 25 年)	5,539	2 兆 5,142

(国税庁公表資料を基に著者作成)

5　財産債務調書

(1) 財産債務調書とは

　財産債務調書とは、所得税の申告書を提出すべき者が、その年の 12 月 31 日に提出基準に該当する財産を所有している場合、翌年 6 月 30 日までに税務署長に提出しなければならない書類です（国外送金法 6 の 2 ①）。2015 年（平成 27 年）度税制改正により、財産債務の明細書の在り方が大幅に変更され「財産債務調書」となりました。国外財産調書と同様の重要な位置づけとなりました。法施行後の最初の提出期限は、2016 年（平成 28 年）3 月 15 日でした。

令和2年度の税制改正により、相続国外財産に係る相続直後の財産債務調書等への記載の柔軟化への見直しが行われました。

相続開始年の12月31日においてその有する国外財産に係る財産債務調書については、その相続国外財産を記載しないで提出することができることとなりました。この場合の財産債務調書の提出義務については、国外財産の価額の合計額からその相続国外財産の価額の合計額を除外して判定します。

この改正は、令和2年分以後の財産債務調書について適用されます。なお、2022年（令和4年）分までは提出基準に該当する財産を所有している場合、翌年3月15日までに提出することになっていました。

(2) 財産債務調書に記載する事項

財産債務調書には次の事項を記載します（国外送金法6の2①）。

① 氏名

② 住所又は居所

③ 個人番号

④ 国外財産の種類、数量及び価額並びに債務の金額

(3) 提出基準

財産債務調書の提出基準は次の①又は②に該当する者です（国外送金法6の2①③）。

① 所得税の確定申告書を提出する必要がある者で、次のイ及びロに該当する者

　イ　その年分の総所得金額及び山林所得金額の合計額が2千万円を超えていること

　ロ　次の（イ）又は（ロ）に該当すること

　　（イ）その年の12月31日において財産の価額の合計額が3億円以上である。

　　（ロ）その年の12月31日において財産の価額の合計額が1億円以上の有価証券等（国外転出特例対象財産）を有する。

② 居住者で、その年の12月31日においてその価額の合計額が10億円以上

の財産を有する者（令和 5 年分以降の財産債務調書について適用される。）

(4) 財産価額の判定

　財産の「価額」は、その年の 12 月 31 日における「時価」又は時価に準ずるものとして「見積価額」によります。

(5) 加算税の取扱い

　財産債務調書は、調査により財産又は債務の申告漏れが生じた場合であっても、提出の有無等により過少申告加算税等が軽減又は加重されます（国外送金法 6 の 3 ①）。国外財産調書と同様、アメとムチの制度です。

提出及び記載の有無	所得税・相続税の申告漏れに対する加算税の対応
一般的な場合	10 ％又は 15 ％
(1)　財産債務調書の提出がある場合 　　提出期限内に提出し、調書に財産債務の記載がある場合	・所得税及び相続税の過少申告加算税等が 5 ％軽減される。
(2)　財産債務調書の提出がない場合等 　　提出期限内に提出がない場合又は提出期限内に提出された財産債務調書に記載すべき財産又は債務の記載がない場合 （重要な事項の記載が不十分と認められる場合を含む）	・所得税及び相続税の過少申告加算税等が 5 ％加重される。 ・死亡した者の所得税等については適用がない。 ・相続財産債務については、相続財産債務を有する者の責めに帰すべき事由がなく提出等がない場合は加重の対象とならない。

(6) 廃止された「財産債務の明細書」

　総所得金額や分離課税の譲渡所得の金額の合計額が 2 千万円を超える場合、確定申告書に記載した年分の 12 月 31 日現在において有する財産の種類、数量、価額並びに債務の金額等を記載した財産債務の明細書を提出することとなっていました。財産債務の明細書は、2014 年（平成 26 年）分で廃止されました。しかし廃止される以前は、提出の勧奨及び記載内容の適正性の指導が年々強化されていました。これらの情報は KSK システムで管理されている可能性が高いです。被相続人が生前自己の財産を過不足なく記載している書類であるため、被相続人の所有する財産の貴重な情報源です。

6　質問検査権

国外送金等調書、国外証券移管等調書、国外電子決済手段移転等調書、国外財産調書又は財産債務調書の提出に関する調査について必要があるときは、国税庁、国税局又は税務署の職員は、それらの調書を提出する義務がある者に質問し、帳簿書類その他の物件を検査し、又はその物件（その写しを含む）の提示若しくは提出を求めることができます（国外送金法7①②）。

7　調書に関する罰則

国外送金調書、国外証券移管等調書又は国外財産調書に関する規定に違反がある場合、次の罰則が設けられています（国外送金法9、10）。

態様	罰則	国外送金法
○　国外送金をする者が告知書を提出しない場合、若しくは偽りの記載をした告知書を提出したとき	・1年以下の懲役又は50万円以下の罰金（2025年6月1日以後、懲役は拘禁刑となる。以下同じ。）	第9条第1号
○　国外証券移管等をする者が告知書を提出しない場合、若しくは偽りの記載をした告知書を提出したとき		
○　国外送金等調書、国外証券移管等調書若しくは国外電子決済手段移転等調書を提出期限まで税務署長に提出せず、又はそれらに偽りの記載をした告知書を提出したとき		第9条第2号
○　国外送金法第7条第1項第2項の規定による当該職員の質問に答弁せず又は偽りの答弁をし、または検査を拒み、妨げ、若しくは忌避したとき		第9条第3号
○　国外財産調書に偽りの記載をして税務署長に提出した者		第10条第1項
○　正当な理由がなくて国外財産調書を提出期限までに税務署長に提出しなかった者	・1年以下の懲役又は50万円以下の罰金 ・情状により、その刑を免除される	第10条第2項

8 国外財産調書及び財産債務調書の未提出者への対応

　国外財産調書及び財産債務調書は個人が提出する調書です。調書提出要件に該当する者は、相応の資産家です。資産家の最大の関心事は相続税であり、これを回避する様々な手段を講じています。国外財産調書及び財産債務調書は財産内容を正しく記載することが求められていますが、財産内容が課税当局にあからさまになることを嫌う者は当然います。彼らが法定の期間内に提出しないことが想定されます。国外財産調書及び財産債務調書は課税の資とすることが明確になっていますので、財産の明細を提出しない者がいることは課税の公平が保たれません。課税庁はこの点を見逃しにすることはなく、調書の未提出者には、書面照会によりまず注意を喚起し、提出に導きます。それでも提出しない者に対しては、調査が行われます。

　2017年（平成29年）分の書面照会件数は次の通りです。未提出であった者が、書面照会により提出した件数が多いことは、気になるところです。課税庁が書面照会するということは、海外財産の保有に関して相応の情報を握っていることです。書面照会により無回答等何らかの反応を示さなかった者（財産債務調書では約38％になります）に対しては調査が行われることでしょう。

未提出と見込まれるものに対する書面照会

	（件）	書面照会実施件数	
		内照会後調書の提出あり	内調書の提出義務なし
国外財産調書	2,683	234	1,959
財産債務調書	29,751	3,984	14,573

（週刊税務通信 2019 年 2 月 25 日号）

9　共通報告基準による非居住者金融口座情報の自動的交換

(1)　共通報告基準とは

　国際的な取引では、当事国だけで解決できない事象が必ず発生します。そのため関係各国と租税条約を締結し、情報交換を行っています。2024 年（令和 6 年）4 月現在 155 か国と租税条約を締結しています（財務省資料）。

　これらの情報交換から得られる海外資産の情報が基となり、調査が行われることがあります。租税条約による情報交換件数は増加しています。

　外国の金融機関を利用した国際的な脱税及び租税回避行為に対処するため、OECD は、2014 年（平成 26 年）に、非居住者に係る金融口座情報を税務当局間で自動的に交換するための国際基準である共通報告基準（CRS：Common Reporting Standard）及びその実施細則（コメンタリー）を公表し、G20 がこれを承認しました。

　この基準によれば、各国の税務当局は、自国に所在する金融機関等から非居住者が保有する金融口座の口座残高、利子・配当等の年間受取総額等の情報の報告を受け、その情報を租税条約等に基づいて、その非居住者の居住地国の税務当局に提供することになります。2016 年（平成 28 年）11 月現在、101 か国・地域が、2018 年（平成 30 年）までにこの基準に従って自動的情報交換を開始することを表明しました。

　この基準に対応するため、我が国では、2015 年（平成 27 年）度税制改正において、国内に所在する金融機関等が口座保有者の氏名、住所、居住地国、外国の納税者番号、口座残高、利子・配当等の年間受取総額等の情報を所轄税務署長に報告する制度を導入しました。同制度は 2017 年（平成 29 年）1 月 1 日から施行され、国内に所在する金融機関等は、2018 年（平成 30 年）以後、毎年 4 月 30 日までに特定の非居住者の金融口座情報を所轄税務署長に報告し、報告された金融口座情報は、租税条約等の情報交換規定に基づき、各国税務当局に提供されることとなりました。国税庁も、外国の税務当局から、日本の居住者がその国の金融機関等に保有する金融口座の情報について幅広く提供を受け

ることになりますので、外国の金融機関等を利用した脱税・租税回避の把握や防止、コンプライアンス向上に繋がることが期待されます。

2018年（平成30年）9月、日本の非居住者に係る金融口座情報89,672件を58か国・地域に提供した一方、日本の居住者に係る金融口座情報550,705件を64か国・地域（オフショア金融センターを含む）から受領しました。その後平成30事務年度74万件、令和元事務年度189万件、令和2事務年度では84か国から約219万件の情報を入手しています。

この情報交換は、データの送受信であることから一瞬で世界中に交付・受領されるのでしょう。しかも国家間の取り決めであることから、情報精度はかなり高いと推測されます。国内の金融情報とマイナンバーとの紐付け制度が停滞しているうちに、富裕層の海外資産の保有状況が先行してガラス張りとなりました。すでにこの情報を基に相続税の調査が行われています。過去の相続税の事案も掘り返されているはずです。宝の山という言葉がありますが、課税当局にとってCRS情報は宝の山そのものでしょう。

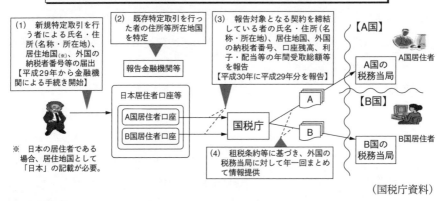

（国税庁資料）

(2) 対象口座

情報交換の対象となる口座は次の通りです。

対象年	対象口座
第1年目	① 個人新規口座 ② 法人新規口座 ③ 個人既存高額口座
第2年目	①～③ ④ 個人既存低額口座 ⑤ 法人既存口座

(注1) 法人とは上場法人及び上場法人と支配関係にある法人は除かれることから、実質的に非上場法人が対象です。
(注2) 個人口座のうち高額口座とは残高1億円超のものをいいます。低額口座とは残高1億円以下のものです。
(租税条約等の実施に伴う所得税法、法人税法及び地方税法の特例等に関する法律第10条の6他)

CRS情報交換件数の推移

事務年度	外国からの受領件数		我が国からの提供件数	
	国・地域数	口座数（件）	国・地域数	口座数（件）
令和4 (2022)	95	2,526,181	78	532,037
令和3 (2021)	94	2,500,664	77	651,794
令和2 (2020)	87	1,906,896	70	650,558
令和元 (2019)	86	2,058,777	65	473,699
平成30 (2018)	74	744,986	58	90,155

(国税庁公表資料を基に著者作成)

10 KSKデータ

(1) KSKシステムの活用

　国税庁はKSK（国税総合管理）システムを活用して、資料の収集・保管・活用を行っており、所得税や法人税の調査の選定に活用されていることが明確に表現されています。KSKシステムは国税事務管理の生命線ともいうべきもので

す。遠くない将来 AI（Artificial Intelligence）を組み込むことによって、税務調査の態勢が大きく変動することが想定されます。

〜 データ活用の取組強化 〜

　国税庁では、様々なデータの中から必要な情報を抽出・加工・分析し、データ間の整合性・関連性・傾向等を把握することにより、潜在的な高リスク納税者を抽出する予測モデルの構築に取り組んでおり、構築した予測モデルと国税組織が保有する様々な資料情報等を組み合わせ、課税事務の効率化・高度化に努めています。

（2023 年版「国税庁レポート」）

---

(2) マイナンバー（個人番号）及び法人番号の活用

　国税庁は税務申告、法定調書等でマイナンバーを活用し、住宅ローン控除等に添付する住民票を不要とする等、効率化を図っています。マイナンバーをKSK システムに組み込むことにより、各種データと総合的な突合せが可能となり分析精度が向上されていくことが想定されます。当然、調査対象者の深度ある絞り込みや税目横断的な調査が可能となります。

SECTION 9

無申告事案

1　相続税の課税状況

　いうまでもなく相続税は単発的偶発的に発生する税です。継続的納税者がいるはずもなく、年又は地域により納税者の数にばらつきがありそうです。しかし現実は、全国どこの税務署であっても、相続税の課税件数は年による極端な増減がありません。調査件数も一定です。近年は、東京都心部の税務署において資産課税部門が廃止されていますが、資産税を担当する職員の数に変化がないことでもわかります。単発的偶発的税目とはいっても、安定した課税件数があります。近年は死亡者の数が飛躍的に増加しています。このことも、相続税の課税件数を維持している要因の一つでしょう。

2　相続税の無申告

　税務署は相続税法第58条通知書（第2章 SECTION 4参照）を基に、被相続人の財産について KSK 情報を引き出します。KSK 情報には被相続人の経済活動及びそこから生み出された財産情報がストックされています。取引情報と異なり、財産情報は所得税や法人税で活用されることはほとんどありません。詰めていえば、相続が開始するまで放置されているようなものです。死亡情報に基づいて被相続人の財産情報を請求すると、今までのストックが表に現れます。情報を分析して課税対象の可否を判断します。KSK 情報や土地等所有情報を元とした課税対象となる事案の選定は相当に精度が高いです。

　近年は土地等不動産の所有割合が低くても、高額な金融資産を所有している人が多くいます。特に2015年（平成27年）以降相続税の基礎控除が減額となり、課税対象となる人が倍増しました。課税のボーダーラインの層は相続税に対する認識が薄く、無申告が増えているようです。一般的に、相続税の無申告

79

は文書又は来署により財産の見直しの注意喚起をして、申告書の提出で終わりです。しかし、高額な財産を相続していながらあえて申告しない相続人もいます。放置による無申告、意図的な無申告です。相続税の調査は、申告した財産の適否と財産の申告漏れを把握するために行われます。しかし、無申告は税務行政の根幹を犯す行為であることから、放置することは許されません。

3 無申告事案の実地調査

(1) 無申告事案の実地調査の結果の推移

相続税の無申告者に対する実地調査はほとんど行われておらず、通常は事後処理として簡易な接触による調査でしたが、近年は積極的に実地調査が実施されるようになりました。平成18年度（平成17年度分も同時に公表）から無申告事案の実地調査結果が次表の通り公表されています。

無申告事案の実地調査の推移						
事務年度	調査件数 （件）	非違件数 （件）	非違割合 （％）	申告漏れ 課税価格 （億円）	1件当たり 課税価格 （万円）	1件当たり 追徴税額 （万円）
令和4 (2022)	705	607	86.1	741	10,508	1,570
令和3 (2021)	576	502	87.2	572	9,934	1,293
令和2 (2020)	462	409	88.5	455	9,848	1,328
令和元 (2019)	1,077	921	85.5	906	8,414	897
平成30 (2018)	1,380	1,232	89.3	1,148	8,320	731
平成29 (2017)	1,216	1,025	84.3	987	8,117	772
平成28 (2016)	971	751	77.3	866	8,914	708
平成27 (2015)	863	655	75.9	824	9,543	619
平成26 (2014)	868	661	76.2	876	10,088	834
平成25 (2013)	881	650	73.8	788	8,945	522
平成24 (2012)	1,180	866	73.4	1,088	9,220	619
平成23 (2011)	1,409	932	66.1	1,213	8,609	603
平成22 (2010)	1,050	795	75.7	1,055	10,048	771
平成21 (2009)	626	528	84.3	757	12,093	783
平成20 (2008)	555	467	84.1	661	11,910	901
平成19 (2007)	504	420	84.1	645	12,798	1,012
平成18 (2006)	459	385	83.9	569	12,397	719
平成17 (2005)	471	395	83.9	578	12,272	701

（国税庁公表資料を基に著者作成）

4 無申告事案の実地調査の結果からわかること

無申告事案に対する実地調査の結果から次の点がみえてきます。

(1) 平成29（2017）事務年度以降は、調査件数の伸びが大きい

平成29（2017）事務年度は、2015年（平成27年）に相続が発生した事案が調査の対象となっています。2015年は、相続税の基礎控除が40％カットされた初年です。相続税の課税対象者が倍増するであろうと推測されていましたが、次の表のように、1.83倍となっています。

項目	2014年分 （平成26年）	2015年分 （平成27年）	前年対比
被相続人数（死亡者数）	1,273,004人	1,290,444人	101.4％
相続税の申告書の提出に係る被相続人数	56,239人	103,043人	183.2％
課税割合	4.4％	8.0％	3.6ポイント
相続税の納税者である相続人数	133,310人	233,555人	175.2％

(2) 無申告者に対する調査が年を経るごとに増加している

無申告事案を放置しないという積極的な姿勢が表れています。相続税の課税のボーダーラインが下がり、件数が大幅に増加することは、相続税に対する認識が薄い又は申告意識の低いゾーンが増加することです。無申告であることを放置しておくことは、相続税に対する信頼と課税の公平を失うことでもあります。そこで課税庁は、無申告事案を単に期限後申告書を提出させる簡易な調査ではなく、実地調査に力点を置いていると考えられます。令和元事務年度は、後半がコロナ禍で調査件数が減少しましたが、その後は、増加に転じています。

(3) 非違割合が非常に高い

令和4（2022）事務年度の非違割合は86.1％となっており、一般事案の非違割合（85.8％）と遜色がありません。無申告事案の調査対象の選定の精度が非

常に高いことを示しています。

　相続税の実地調査対象としての新しい分野を見出したのでしょう。

(4) 1件当たりの追徴税額の伸びが大きい

　令和4（2022）事務年度の、1件当たりの追徴税額（1,570万円）が最高税額となりました。また、令和3（2021）事務年度から121.5％と大幅に伸ばしています。1件当たりの追徴税額の伸びが著しく、無申告事案の実地調査が効果的なことがわかります。

第 2 章

相続税の実地調査対象事案の選定

本章の概要

　本章では、相続税の調査対象事案の選定及び具体的調査手順について解説します。

　相続税事案の調査の確率が高いことは解説しました。申告した納税者や税理士にとって、調査の対象になるかどうかは大変関心の高いところです。調査対象基準があるかと質問を受けます。国税庁という巨大な組織ですから、調査対象事案の選定基準がないわけはありません。しかし単に総遺産価額が大きいから、上場会社の役員であったからといって調査になるわけではありません。申告内容と署内外の資料をじっくり分析検討して、これは！ という事案を調査対象に選定します。

SECTION 1

相続税調査の担当部署

　近年、所得税、法人税等多税目にまたがる悪質な脱税案件、海外資産の脱漏、複雑困難な事案が増加してきたこと等から様々な部署で相続税の調査が行われているようです。

　次表は、相続税調査を担当する国税局内の主な部署です。基本的に相続税申告書及び関連資料は税務署の資産課税部門に集約され、そのうち高額事案、複雑事案及び調査困難事案は国税局資料調査課が担当します。それ以外は、国外財産の申告漏れが想定される事案等、その事案の特性や難易度を判断したうえで国際税務専門官や特別調査官等、各部署に振り分けられます。

　東京国税局管内は、鰍沢税務署を覗いて資産課税部門が設置されていましたが 2023 年（令和 5 年）7 月以降、神田署、日本橋署及び小石川署の設置が廃止されました。今後は、各々同区内にある麹町署、京橋署及び本郷署が広域運営することになりました。調査等の諸連絡は広域署から来ることに留意します。

部署	調査担当	事案の区分
国税局	資料調査課	・相続税重要事案である高額複雑事案、著名人等を調査する。
	機動課	・期間限定で税務署に派遣され、税務署の困難事案を調査する。
	資産課税課 資産評価官	・調査に携わらないが、特殊な事案を処理する場合がある。
税務署	資産課税部門	・相続税の申告書の収受、調査対象事案の選定及び調査をする。
	資産税調査担当 特別国税調査官	・税務署に帰属し、資料調査課が担当するほどではないが、部門では調査困難な大口事案、複雑事案を調査する。 ・通常、特別調査官付調査官と2人体制である。
	国際税務専門官	・国外財産の隠匿が想定される事案を調査する。 ・一般職員の国外財産調査を指導する。 ・広域担当であり、複数署を担当している。
その他	査察部	・独自に開発した事案や税務署・国税局の調査で大口脱漏が想定されると連絡があった事案を調査する。 ・脱税に係る告発を目的とする。
	総合調査担当特別国税調査官	・会社役員や大病院等の経営者の相続に絡めて、所得税、法人税等諸税目を横断的総合的に調査する。 ・各税目の優秀な調査官が配置されている。

SECTION 2

相続税実地調査の時期

　国税の人事異動は例年7月初旬です。国税局資料調査課は年間を通して調査を行っていますので、人事異動前後でも調査を継続しているようです。税務調査の第一線である税務署は、人事異動における事務引継ぎが落ち着いた時点で実地調査事案が交付され、準備調査と並行して調査着手連絡をし、調査が開始します。どの税目でもそうですが、実地調査の一区切りは12月です。年内に調査を決了し、修正申告書等の提出を受けて上半期の調査事務が終了します。年が明けると確定申告事務が控えていることから、事務量は譲渡所得又は贈与税に注力しますが、特別国税調査官や調査担当部門は引き続き調査します。確定申告が終わり、譲渡所得や贈与税の申告審理、実地調査及び事後処理が6月頃まで併行して相続税実地調査が行われます。5月6月頃の調査事案は、7月の人事異動がタイムリミットになりますので、比較的日数をかけずに行われるようです。

SECTION 3

相続税調査の流れ

相続税調査は、概ね次の手順です。基本的に、税目にかかわらず同様です。各段階での取扱いはそれぞれの項目で解説します。

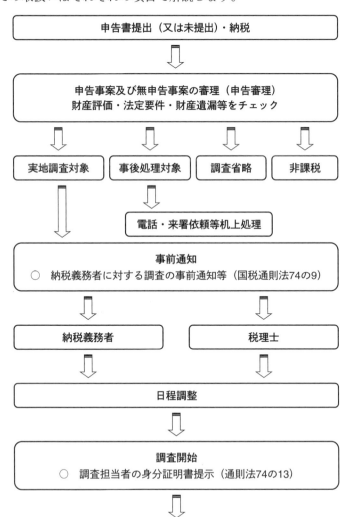

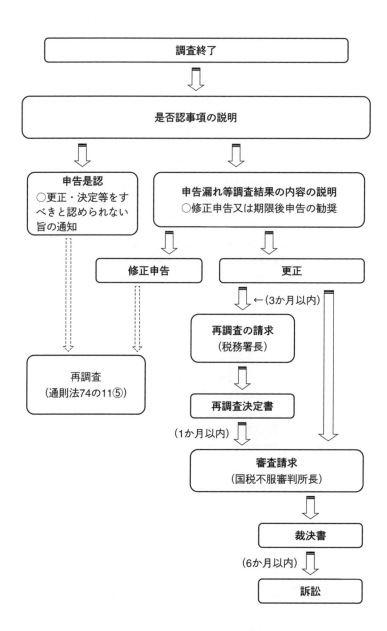

SECTION 4

相続税課税対象者の把握

1 相続税課税対象者の把握

(1) 死亡事実の把握

　課税当局は、相続税の対象となる事案をどのように把握しているでしょうか。課税の端緒は、まずは死亡事実を把握することです。最も確実に把握できるのは死亡届を入手することです。税務署は相続税の申告書が提出されるのを漫然と待機しているわけではありません。死亡事実を的確に把握し、提出された申告書に対応する態勢を常時整えています。市町村に死亡届があった場合、市町村長は「相続税法第58条に基づく通知事務」として「相続税法第58条通知書」（以下「58条通知書」といいます）を翌月末までに税務署長に通知します。法定の連絡事項であるので、全国の税務署に死亡届出と同一の内容が全て伝えられることになります。市町村は、いずれかの税務署の管轄に帰属しているので、税務署は管内の死亡者の住所、氏名及び相続開始年月日を100％把握することができます。余談ですが、この58条通知書の件数を全国の税務署が集計し各国税局に報告し、国税局がそのデータを国税庁に報告することにより、国税庁は日本国内の死亡者についての情報を極めて高い精度で一元管理することができます。

(2) 死亡通知の確実な確認

　税務署は市町村からの連絡があることにより死亡事実を初めて知ることになりますが、毎月確実な死亡情報を入手することができます。市町村からの死亡通知が漏れることはほとんどありません。相続税申告書の提出があるにもかかわらず58条通知書がないことは原則としてありません。そのため、58条通知書がない場合は、様々な手段で解明します。相続税の申告書があるのに死亡した事実を確認できないということはあってはならないからです。死亡した者の

所在地が他の税務署管内にある場合は、該当する税務署と連絡及び確認したうえで処理します。

　死亡した事実を税務署に隠ぺいすることはあり得ないということです。

2　課税対象者の選定

　58条通知書を受けた税務署は、被相続人の財産情報を収集します。ありていに言えば、この時点から相続税の調査が始まっています。例えば甲税務署管内で1年間に死亡者数が5,000人とします。この中で、相続税の課税対象となる数は10％程度です。5,000人の相続人に対し相続財産の有無を尋ねるわけにはいかないので、一定程度に絞り込まなくてはなりません。明らかに相続税の対象とならない人を除きます。それには、財産の有無を早急に調べる必要があります。

　最も早く確実に調べられるのは土地建物等不動産の所有状況です。そこで被相続人の住所地の固定資産税情報を入手します。令和4年度の税制改正において、死亡届を受理した市町村長は、届出書を受理した翌月末までに、被相続人が所有していた土地又は建物の固定資産課税台帳に係る情報を、所轄税務署長に通知することになりました（相法58②、令和6年3月1日以後に施行）。次にKSK情報にアクセスして過去の財産情報や所得税情報を入手し、一定件数を選別します。次に、他部門からの情報などを総合的に判断して、処理すべき事案を更に絞り込みます。ここで58条通知書の処理が終わり、申告書の提出があるまで待機します。

SECTION 5

調査対象の選定（申告審理）

選定の概要

1 資料収集

　相続税の申告書が提出されると、申告書に記載された情報及び KSK 情報及び過去の所得税や法人税調査資料等の署内情報を基に各種照会をします。照会文書は銀行等に対する預金取引状況照会、証券会社等に対する有価証券取引状況等照会、非上場会社に対する株式所有状況及び債権債務等照会などなど申告内容に応じて多方面にわたります。

(1) 相続税申告書からの資料収集

　相続税の申告書には、次の情報が記載されています。

① 居住地及び居住地域以外の土地建物等の不動産所有情報

② 預貯金・証券取引等金融情報

③ 非上場会社株式保有情報

④ その他債権等諸財産情報

⑤ 債務及び葬式等の情報

(2) KSK 情報からの資料収集

　相続税は、取得した財産に対して課税される特殊な税目です。いくら効果的な財産情報を収集しても、それを活用するのは数年後か数十年後です。その間その情報は死蔵状態にあります。しかも適切に管理しないと雲散霧消の可能性が十分にあります。いつ活用するかわからない情報でも、申告漏れの端緒となることがあることから、国税はその保全管理に万全を尽くしていました。昭和の時代は、財産情報は情報カードに財産別に作成し、署内のキャビネに住所別

95

個人別にストックしていました。独自に収集した資料、他課他部署で収集した資料をはじめとして、刀剣、金、不動産の所有状況等々ありとあらゆる財産情報がストックされ、資料源の開発も積極的でした。相続税の場合、資料の古い新しいは関係ありません。暦年や年度での課税という仕組みではないからです。確定申告書等は国税庁の文書保存期間基準によって7年で廃棄されますが、高額な譲渡所得の申告事実や高額な財産を相続した事実は資料化されます。これらの資料カードが膨大な量となり事務室空間を圧迫するようになったこととデータとして保存することができるようになったこと等から、平成元年前後に時間と労力をかけてデータ化し、KSKに引き継がれています。

KSKから被相続人、相続税申告書で把握できる限りの相続人及び被相続人の親族の情報を入手します。KSKには、膨大な財産情報が蓄積されています。

(3) 署内資料の収集

税務署内には被相続人及び親族の資料情報があります。確定申告書、法人税申告書、財産債務明細書、財産債務調書、譲渡所得及び贈与税申告書等があります。特に所得税や法人税の調査資料は、被相続人が生前に対応しているときに収集したものであるため、非常に有効な資料です。

---

2 申告審理

1の各種照会文書を適宜の期間で回収します。申告された財産内容を各種情報と照らし合わせて、その適否を審理し「実地調査」「事後処理」「調査省略」「非課税」と態様に応じた処理をします。これを申告審理といいます。

相続税の申告期限は、相続の開始を知った日の翌日から10か月以内であるため申告書が間断なく提出されます。そのため、確定申告時期を除いて、毎月一定の時期に申告審理をしています。

---

3 相続税調査対象の選定

相続税の申告が適正か否かの判断は、相続財産の申告漏れが想定されるものだけではなく、民法をはじめとした法定要件及び財産の評価の適否等、極めて

多面的に行います。

申告内容に疑義のある案件の抽出は、基本的に次の分類によります。

調査選定の区分	選定の例
法定要件の審理及び調査	民法・相続税法・措置法等の法定要件の適否を調査する ・相続人・相続分等民法適用の適否 ・相続開始前3（7）年以内の贈与、相続時精算課税適用贈与財産の申告漏れ等相続税法の適用の適否 ・小規模宅地等の特例の適否
財産評価の審理及び調査	財産評価基本通達に基づいた評価の適否を調査する ・土地評価における土地の貸付及び借地権等の有無、建物の貸付の有無等評価の基となる事実関係 ・関係法人に貸し付けている土地等の評価の適否 ・財産評価基本通達に則っていない評価の適否
財産遺漏の審理及び調査	相続財産の申告漏れを調査する ・金融資産の運用状況の調査及びそれに伴う申告除外財産の把握 ・家族名義金融資産の帰属 ・名義株の有無 ・債務の適正性

4 区分

選定の結果、次の区分に事案が振り分けられます。

処理区分	区分の内容
実地調査	実地調査選定区分に該当する事案 ・申告された財産内容の適否を実地調査する事案
事後処理 （実地調査以外の調査）	事後処理選定区分に該当する事案 ・来署依頼、文書等で納税者に申告内容を見直す簡易な調査
事後処理 （行政指導）	調査区分は事後処理であるが、指導に収まる事案 ・納税者が自主的に申告内容を見直すことに主眼を置いている事案
調査省略	実地調査、事後処理区分に該当しない事案 ・当面調査の対象としない ・申告を是認したわけではない
非課税	調査対象事案以外で、納税額が算出されない事案 ・基礎控除以下、配偶者の税額軽減等の適用で非課税となった事案

具体的な調査対象の選定

1 調査対象者の選定

(1) 調査選定の重要性

1年間に提出される相続税の案件をすべて調査することは不可能ではないにせよ、調査深度が非常に浅くなります。税務調査は納税者と接触すればいいのではなく、あくまでも申告内容の適否を反面調査を行ったうえで判断することにあります。そのため多額な脱漏が見込まれる事案や民法又は相続税法等に違背した事案等を優先的に調査することになります。

相続税調査は58条通知書を入手した時点から下馴らしをして、実質的に申告審理による調査対象事案の選定から開始するというイメージです。

(2) 選定基準

膨大な申告件数から、調査担当職員の数や調査日数との兼ね合いから1年間に調査する件数を絞り込まなくてはなりません。そのため、調査対象事案を短期間で効率良く選定する必要があります。また、相続税は単発的、偶発的税目といわれ、年及び地域により申告内容に濃淡があります。調査担当職員の調査熟練度も年や税務署により深浅があります。全国一律水準で調査対象を絞り込む必要があることから、事案の選定をするための基準はあります。しかし、実務上は形式基準にこだわることなく、多額な申告漏れが想定される事案から優先的に調査選定されます。

実地調査の結果の項（第1章）で解説したように、調査対象となった相続税申告の80％以上に非違があります。多額の申告漏れが把握されており、そのうちでも約15％前後の割合で重加算税が賦課されている現実をみると、調査選定される事案は相応の理由があり、職員の選定眼が的確であることの証左でもあります。

(3) 調査対象事案の選定の根本

　相続税調査の対象となるのは、根本的に相続税の申告書上に現われていない金融資産の把握です。この資産はまとめて「不表現資産」といいます。「表現」されていない資産を表に出して課税することが究極の目的です。そのため基本的に金融資産が多額な事案は多額な不表現資産の存在が想定されます。また実際、そのような事例も多くあります。

2　想定される調査対象事案

　調査対象となる事案は、会社の創業者、高額所得者等、被相続人の生前の有様によるところが大きいです。もちろん、家族親族の預貯金や証券取引等の動きが不審なものもあります。

　次に調査の対象となりやすいのではないかと想定される事案と選定される理由を挙げてみました。今までに国税庁が公表した調査結果他様々な情報を基に列挙したものです。国税庁の申告審理の区分ではないことを念のため申し添えます。

　なお、調査対象者は「相続又は遺贈により財産を取得した者」であり、被相続人ではありません。しかし、申告財産は被相続人の所有・管理・運用してきたものであることから、調査は被相続人の生前の行為が中心となります。ここでは便宜上被相続人の生前の有り様及び被相続人の財産を中心に解説します。

(1)　会社役員

① 　上場会社役員

- ・上場会社役員であった者は相続開始時に無職であっても、相応の蓄財が見込まれる。特に株式公開した創業者は創業者利得があり、それが相続財産に反映されていないことがある。様々な手段で相続税対策を講じていることが多く、重要な調査対象である。

- ・役員退職に際して高額な退職金が支払われていることがある。相続開始何年前であろうと高額な退職金の使途は見逃しにできない。KSK情報と突合して、退職金の化体財産が不明朗な事案は調査対象となる。

② 非上場会社役員

・非上場会社役員は、以下に述べる理由から調査優先度は非常に高いことに留意する。

・非上場会社の役員は会社との不明朗な貸借があり、その使途が判然としないことが多い。

・好況会社の創業者は重要な調査対象である。

・非上場会社の創業者や役員は、役員を退任する際に高額な退職金が支払われていることが多い。

・昭和時代に創業された会社は、社員や第三者名義の株式、いわゆる名義株を保有している場合がある。

(2) 高額所得者等

① 高額所得者

・高額所得者のうちで不動産収入が多い者は、相続財産に占める土地等の所有割合が大きく、評価の検討を要することもあり調査対象となりやすい。

・給与収入が高額であっても、可処分所得が高額にならない場合もあることから、この点だけでは調査の対象となりにくい。

② 高額譲渡所得者

・高額な譲渡所得があるが、所得税等を差し引いた可処分所得が相続税財産として反映されていないことがある。高額譲渡所得者は、相続税調査の重要な対象である。

・申告書等は簿書の保管年限が定められていることから、申告書や譲渡所得調査資料は保管年限の到来とともに廃棄される。しかし、KSK 情報は削除されることなく、高額な譲渡所得に関する情報は、保存・管理されている。

・譲渡代金が家族名義金融資産に化体していることが多い。それらの金融資産が贈与された財産か又は単に名義財産かの判断が必要になる。

③ 医師・弁護士等

・医師や弁護士は、生前の所得が高額であることが多く、資産運用に長けている者が多いことから、調査の対象となりやすい。

・生前に所得税等の調査を受けていることがあり、調査情報が活用できる。

(3) 富裕層

- ・一定以上の資産を所有する者は、富裕層として国税局及び税務署の管理対象者となっている。富裕層基準に該当する資産家は当然、最優先で調査対象となる。なお、富裕層の判定基準は公表されていないが、大口土地所有者、大口株式所有者、大口配当所得者等が該当しそうである。
- ・管理対象者である資産家の金融資産情報は生前から収集及び蓄積されている。
- ・大口土地所有者は土地の利用状況、財産評価の観点から調査の対象となりやすい。

(4) 金融資産が多額な者

① 金融資産の割合が高い者

- ・相続財産に占める金融資産の割合が高い者は調査の対象となりやすい。多額な金融資産を所有し、預金・証券取引が頻繁に行われている者は資産運用感覚が鋭く、相続財産の隠匿に繋がることが多い。
- ・金融取引を被相続人名義以外の名義で行っていることがある。理由は様々であるが、結局は相続税の脱漏に繋がることが多い。

② 名義預金の存在が推定される者

- ・多額の家族名義金融資産がある場合、実質的な帰属者を判別する必要があることから調査は必然である。

③ 預貯金取引が不明朗な者

- ・高額な入出金が、家族名義預貯金口座と連動している場合、その口座の実質的所有者の判定と取引内容を解明する必要がある。
- ・収入に比し、申告された金融資産の額が著しく低調な場合は収支のバランスを確認するために調査となる。費消した資金は問題とならないが、化体財産が隠蔽されている場合がある。
- ・不明出金が多額で、他の預貯金と連動しない場合がある。相続財産につながらないと推測される場合、調査によって解明する必要がある。高額資金

の移動は必ず理由がある。

④ 証券取引が激しい者

- 証券取引の頻度が高い者は、金融資産に対する関心が高いことから、少しでも相続財産と連動しない取引があれば調査となる。
- 家族・親族名義で同一証券会社内での取引を行っていることがある。名義取引の可能性があることから調査の対象となる。

(5) 著名人等

- 著名人であるから必ずしも調査されるわけではないが、生前の収入や社会的見地から調査対象となる場合がある。
- 政治家・好況業種、常習的脱税業種に携わっている者又はその関係者は過去の所得税や法人税の調査状況を踏まえて相続税の調査対象となることがある。

(6) 債務が過大であるもの

- 相続税の申告書に高額な債務が計上されており、その化体財産が申告書に反映されていないと推測される場合、調査の対象となる。
- 関係法人との頻繁な貸借があり、不明朗な資金の使途が想定される場合、その解明が行われる。
- 高額な債務の相手方が金融機関以外の場合等、架空債務が想定される。依然として架空債務を計上する事案が多いが、お粗末な対策である。

(7) 財産評価に疑義のあるもの

- 土地等の評価に疑義があるもののうち、是正すべき価額が高額となる場合は調査の対象となる。簡易な誤りは実地調査ではなく、事後処理で是正される。
- 財産評価基本通達に基づかず、任意又は不動産鑑定士による鑑定評価をしている場合は、その適否の判断をする。

(8) 特例等の適用に疑義がある者

- 小規模宅地等の特例の適用に疑義がある場合は実地解明が行われる。
- 過去の贈与税の申告事実から、被相続人から贈与を受けて相続時精算課税

を適用している又は相続開始前 3（7）年以内の贈与があるにもかかわらず相続税の課税価格に加算していない場合、調査の対象となる。単なる加算漏れであることが多いため、少額である場合は事後処理となることが多い。

(9) 資料情報がある者

・資料調査課や資料部門等、課税庁独自で収集した資料や他課他部署等の調査で把握した財産情報と申告財産と突合し、申告内容に疑義がある事案は調査の対象になる。

・近年法定資料化されている国外財産調書、国外送金等調書等、海外資産情報があり、それらの財産が申告に反映されていない事案は最優先で調査対象となる。

・都市部では借地権の価額が高額となる。贈与税の課税を避けるため「借地権の使用貸借に関する確認書」及び「借地権者の地位に変更がない旨の申出書」が提出されていることがある。これらの書類に基づく借地権が申告されていない場合、調査の対象となる。

(10) その他

・相続開始直前に会社の株式を移転する、新会社を立ち上げている等会社を絡めた相続税対策を行っていると想定される場合、株式の異動理由の解明が必要となる事案がある。

・複数の申告書が提出されている場合、申告財産及びその価額が異なっていることが多く、調査により課税価格を一本化する。

・相続争いがある事案は、一方の当事者が争っている相手の財産情報を提供することがあり、隠匿財産の解明につながることがある。

・相続税の課税対象と推定されるが無申告である場合、必ず調査対象となる。

3　調査優先順位

　申告審理の結果、実地調査相当と判断した事案は調査優先順位を付します。概ね次の区分です。

・資料調査課調査事案
・資料調査課及び署合同調査事案（指導事案）
・特別国税調査官担当事案
・署調査事案

　署調査事案は、例えば、A、B、Cのようなグループに区分します。Aは最優先で調査するグループとし、実地調査事案を担当者に交付するときに特定の担当者に特定のグループが偏らないように配意します。

　もちろん調査優先度の高い事案は、人事異動直後間を置かず着手します。7月から9月に調査連絡が来る事案は調査優先順位が高く調査官の意気込みも強いと思ったほうがいいでしょう。このような事案は中身も濃いため、相応の日数を要します。

　なお、調査対象事案の選定等の手続きについては国税庁「資産税事務提要」を参考にしました（TAINZ R030600）。

金融取引情報の把握と取引情報の照会

1　取引金融機関の把握

　課税庁は、やみくもに調査対象を選定しているわけではありません。相続税の場合、基本的に多額な金融資産の漏れが想定される事案を調査の対象としています。金融資産の運用は、銀行等預貯金取扱金融機関又は証券会社が大半です。被相続人が利用している金融機関に預託している資金量及び利用頻度に着目して調査を開始し、漏れた又は漏らした財産の把握に努めます。そのため、取引金融機関を把握し、早期に取引情報を入手し取引内容を解明することが重要になります。最優先は相続税申告書に記載された金融機関の調査ですが、生前の経済活動の範囲は相続開始時点とは異なり更に広いものです。また、相続税を回避する目的で、被相続人の住所地から離れた金融機関や親族や知人の利

用している金融機関に口座を持っていることがあります。課税庁は申告された情報の他にも様々な手段で金融取引を把握しています。金融取引情報は、過去の税務申告、所得税又は法人税等の税務調査で把握した情報などがあり、結構活用効果が高いものです。

取引金融機関把握の例を挙げます。

① 相続税申告書に記載された金融機関

基本的な情報である。家族親族名義で資産を運用していることも多くある。

② 相続税・贈与税・所得税の納付（還付）金融機関

過去に贈与税や所得税を納税した銀行等は取引照会の対象となる。相続人が、相続税を納付した金融機関もチェックされ、取引照会の対象である。

③ 贈与税申告書に記載された金融機関

生前、子や孫等親族に預貯金等を贈与している場合、その贈与内容は税務署に保管されている。贈与した金融機関の口座が相続税申告書に反映されていない場合、チェックの対象となる。

④ 譲渡所得の調査で把握された金融機関

生前、高額な譲渡所得があり調査の対象となっている場合、譲渡代金の入金口座などの調査記録が残っている。

⑤ 所得税・法人税等税務調査で把握された金融機関

被相続人の所得税調査や関係会社調査があった場合、調査記録を確認する。取引金融機関等重要な情報が記録されていることがある。

⑥ 財産債務の明細書・財産債務調書に記載された金融機関

財産債務の明細書・財産債務調書に記載された情報は、生前に被相続人が記した動かぬ証拠である。

⑦ 関係法人の取引金融機関

解説するまでもなく、関係法人の申告書を基に把握する。

⑧ KSK で管理されている金融機関

課税庁はいろいろな機会、様々な手段で金融取引情報を収集している。これらは KSK システムの中にストックされ、各税目の調査選定や調査に活用

される。相続税の場合、58条通知書を基にKSK情報が出力される。

⑨　相続人等が取引している金融機関

　上記と同様、相続人の金融機関取引についても情報収集し、被相続人の財産運用との関連性を調査する必要がある。

2　金融機関に対する預貯金取引状況の照会

(1)　預貯金取引状況の照会

　相続税の申告書が提出されると、上記1の通り署内資料を収集し一通り取引金融機関を把握します。その後、被相続人名義のみならず納税義務者である相続人及び受遺者名義及び親族名義の取引状況を文書照会します。申告書の提出はないが相続税が課税されると推認される事案（無申告事案）についても同様に署内資料等に基づいて取引状況を照会します。

　照会による取引期間は事案の軽重にもよりますが、照会日現在から遡って5年から10年間に及びます。照会対象期間が長期になればなるほど生前の相続税対策を含む金融資産の変動がよく把握できます。回答に基づいて申告審理し、調査対象事案を絞り込みます。

　金融機関は照会文書に従って被相続人及びその親族名義の取引状況を回答します。

(2)　金融機関に対する文書照会の今後

　例えば銀行の場合、取引内容は定番の普通預金、定期預金に限らずその金融機関で扱っている商品すべての取引内容を回答しなければならないため、相当の負担になると考えられます。平成13年1月に内閣に設置された「高度情報通信ネットワーク社会推進戦略本部（IT総合戦略本部）」の2019年（平成元年）第9回戦略推進専門調査会の資料に下記の記述があります。

　「税務調査や資産調査等に伴い、行政機関から調査対象者の取引先の金融機関等に対して預貯金等を照会しており、書面による照会が全体で年間約6,000万件に及ぶ状況。」

　「行政機関が税務調査等のため実施する、金融機関に対する預貯金等の取

引状況に係る照会について、その多くは書面により行われているが、金融機関において回答する際に負担を生じており、行政機関においても行政事務に時間を要する等、課題となる場合がある。

平成30年度に金融機関及び地方公共団体が実施した実証実験や内閣官房が実施した実態調査の結果を踏まえ、内閣官房及び金融庁において関係府省や地方公共団体、金融機関等による検討会を令和元年度に設け、行政機関と金融機関間の預貯金等の照会のオンライン・ワンストップ化等について検討する。

これにより、預貯金等の取引状況に係る照会及び回答がデジタル化され、金融機関における負担軽減及び行政機関における迅速かつ適正な行政事務の遂行を実現。」

ここにおける金融機関とは銀行・証券会社・生命保険会社・損害保険会社のことをいいます。年間の照会件数約6,000万件のうち約4,000万件が銀行等の口座取引照会です。金融機関と行政機関のデジタル化に向けた提言をしていますが、これは現行の膨大な時間及びコストを要する紙を媒介とした郵便照会の不合理性を廃止し、デジタル照会及び回答の仕組みを構築する必要があると提言しています。

このシステムが構築された場合、行政及び金融機関にとって時間と経費の節減となるだけではありません。特に税務調査においては膨大な取引情報が瞬時に入手できることとなり、調査選定のために回答文書の到着を待つ必要がなくなることから、申告審理が経常的に行われ調査の着手が早まります。また、デジタル情報では10年前までの取引情報を簡単に入手できることから、親族間の預貯金の移動が明瞭となり、調査の深度が増します。課税庁にとっては金融資産のマイナンバーの連動に匹敵するくらいのインパクトのある事務手続きとなることでしょう。

2021年から東京及び仙台国税局の数署で、預金取引情報照会のデジタル照会が試行され、その結果を踏まえて順次全国各税務署に拡大しています。

3 証券取引情報の収集

2020年（令和2年）4月1日から、個人投資家は取引証券会社にマイナンバーを告知する義務があります。マイナンバーを告知しなくても税務署に提出する配当金等の支払調書にはマイナンバーを記載しなければならないため、株式会社証券保管振替機構（通称「ほふり」）から収集します。ほぼ100％把握され証券取引はガラス張りとなります。

調査対象となる相続税事案の価額の階級

1 調査対象事案の金額基準

相続税実地調査の対象となる事案の財産価額又は課税価格（以下「課税価格等」といいます）の階級別基準はあると思われます。例えば、課税価格等が5億円以上又は10億以上の事案は無条件で実地調査に選定する、のような基準のことをいいます。しかし、課税価格等がいかに高額であろうと、総財産に占める土地等の割合が90％以上のような事案は評価誤りを指摘するだけということになりかねません。このような事案は相続財産の脱漏を発見するという税務調査の本旨ではないため実地調査の対象となりにくいのです。課税価格等が中程度で、かつ、金融資産の占める割合が高く、取引が激しい事案に調査の食指が伸びます。

2 調査対象事案の課税価格別階級

調査に選定される事案は、相続税に限らず原則として高額事案優先です。特に相続税は財産の階級が明確です。高額事案は税率も高くなるので、税収という実際的な側面からも調査することのメリットは高いです。

課税庁は実地調査事案の課税価格等の階級別データを公表していません。非常に珍しいことに2019年の週刊税務通信（税務研究会発行）に東京国税局にお

ける課税価格別調査事案のデータが搭載されています。国税庁全体でもほぼ同様な数値になると推測されます。なお、下記の課税価格別データから推測すると、1億円未満を「低階級」、1億円以上5億円未満を「中階級」、5億円以上を「高階級」と区分できそうです。

東京国税局管内の相続財産の課税価格別の申告・調査件数

		申告 （件）			実地調査 （件）			実地調査割合 （％）			簡易な接触 （件）	
相続発生年分		2013	2014	2015	2013	2014	2015	2013	2014	2015	2014	2015
調査事務年度					2015	2016	2017	2015	2016	2017	2016	2017
課税価格	1億円未満	4,561	4,852	18,114	285	373	589	6.2	7.7	3.3	332	367
	1億円以上3億円未満	10,495	10,573	11,004	1,459	1,407	1,225	13.9	13.3	11.1	424	360
	3億円以上5億円未満	1,582	1,677	1,619	493	479	511	31.2	28.6	31.6	71	60
	5億円以上	1,498	1,506	1,472	779	767	782	52.0	50.9	53.1	58	51

（週刊税務通信　2019年2月4日号）

3　データからわかること

　2のデータから次のことがわかります。2015年分を中心に解説します。なお、2015年分は、相続税の基礎控除が変更になったことにより申告件数が大幅に増加していることに留意してください。東京国税局の申告件数は2014年比173.1％です。

(1) 調査件数

　実地調査件数は2013年分3,016件、2014年分3,026件、2015年分3,107件となっており、2015年分の相続税の申告件数が倍増したとしても、実地調査件数はさほど変わりはありません。このことは国税でいう「接触割合」の低下を意味します。

　2014年分は簡易な接触を含めた接触割合が20％を超えていました。つまり、

相続税の申告書を提出すると2割は調査の対象となることを意味します。他の税目にはない高い接触率です。2015年は12.2％ですが、課税庁は接触率を高めるために様々な工夫をしていることは想像に難くありません。実地調査でも調査期間を短期にして、調査件数を増やすなどを試行しているようです。

	2013年分	2014年分	2015年分	2017年分
①相続税申告件数（件）	18,136	18,608	32,209	34,962
②実地調査件数（件）	3,016	3,026	3,107	3,119
③実地調査割合（％）（②/①）	16.6	16.3	9.6	8.9
④簡易な接触件数	—	885	838	667
⑤簡易な接触を含めた調査割合 $\left(\dfrac{②＋④}{①}\right)$	—	21.0	12.2	10.8

（東京国税局が公表しているデータに基づいて作成）

(2) 高額事案優先

2015年分の課税価格5億円以上の実地調査割合は53.1％です。それ以前の年分についても50％を超えています。このことは高額事案優先で調査していることを意味します。課税価格が5億円を超えた場合、約2分の1の確率で実地調査対象となるということです。

(3) 低階級事案の実地調査割合

2015年分の1億円未満の実地調査割合が3.3％と、前年以前に比して約半減しています。2015年分の申告件数が倍増し、その大半が1億円未満で約4倍の18,114件となっています。実地調査件数も倍近く上昇していますが、分母の数が大幅に増加したため実地調査割合が半減したことになります。

(4) 申告漏れ課税価格

2015年分の課税価格1億円未満の実地調査件数が589件です。2013年に比して2倍以上の件数です。近年の実地調査による1件当たりの申告漏れ課税価格は約2,500万円です。課税価格1億円未満の事案であっても、相応の申告漏れが想定される事案が多かったことを意味します。

調査対象の今後

　既述のように、現在の相続税調査の対象は、富裕層・海外資産・無申告事案です。また、具体的な財産は、現金、預貯金、有価証券等金融資産がターゲットです。

　国税庁の公表資料等から、相続税の課税を免れる手段として次のようなケースが一般的に見られます。

① 無記名の金融資産等で保有する

② 被相続人名義以外の名義で運用する

③ 現金又は金等を現物資産として保存する

④ 財産を国外に逃避する

⑤ 特殊な手法を駆使して相続財産価格を圧縮する

⑥ そもそも申告しない

　基本的に、これらの手法は数十年前から全く変化がありません。ということは、今後もさほど変化がないことが想定されます。相続税回避手段に変化がなければ、調査の方向も自ずと決定されます。調査技法も同様です。

　しかし、金融資産の新しい商品が開発されており、また、ネット上に保管される財産（暗号資産（Crypto Asset）2019 年 5 月 31 日金融商品取引法の改正により仮想通貨（virtual currency）の呼称が変更された。2020 年 4 月施行）等を課税当局は十分研究していると考えられます。将来のターゲットになるかもしれませんが、一般的な相続税調査に大きな変化はなさそうです。

　2015 年（平成 27 年）分の相続から相続税の案件は倍増しましたが、増加したゾーンはいわゆる中低階層であることから、当面はこれらの処理に追われることが予測されます。

111

SECTION 6

事後処理

1 対象事案の選定

　事後処理は、実地調査以外の調査となり、簡易な申告誤りを来署依頼等により処理する事案のことをいいます。実地調査と異なり納税者に対し誤りと思われる事項を指摘し確認を求めます。その結果に基づいて是認、修正申告書又は期限後申告書の提出による処理が行われます。もちろん、過大な申告があった場合、減額処理をしなければならないので、更正の請求をしょうようしています。

　事後処理の対象は概ね次のケースです。

対象事案	内容
無申告である場合	課税のボーダーライン事案が大半である。 　高額な財産を相続しているにもかかわらず無申告であると想定される事案は、実地調査となる。
明らかに相続財産が申告されていない場合	「借地権の使用貸借に関する確認書」等の提出があるにもかかわらず借地権の申告がない場合などが想定される。
特例の適用が誤っている場合	贈与税の申告があるにもかかわらず、相続開始前3（7）年以内の贈与加算又は相続時精算課税の適用を受けた財産を申告していないなどが想定される。
財産評価が誤っている場合	路線価の誤り、側方路線影響加算等の適用誤りなどがある。
相続税の計算が誤っている場合	単純な計算誤りや生命保険金等の非課税計算の誤りなどがある。
相続財産が過大に申告されている場合	相続財産の二重加算や計算誤り等により相続税額が過大となっている場合がある。更正の請求により還付請求ができる。

2 事後処理による調査

　事後処理は、通常は一定時期を決めて集中的に行われます。机上処理で終わることが大半で、一般的には納税者との接触はこれで終わります。ただし、処理終了後に新たな課税資料が出てくる等、内容によっては実地調査をしないと処理できない事案も発生します。このような事案は実地調査に振り替えられ再調査となります。

113

第 3 章

相続税調査の具体的展開

本章の概要

　相続税は、他の税目と異なり、少々特殊な技法を用いた調査が展開します。相続税は、人の死という一瞬の現象で複数の納税義務者が発生する税目です。相続財産を取得するためには、遺産分割を経なければなりませんが、遺産分割が揉め、課税価格の異なる申告書が提出されることもあります。相続財産を取得した者が調査の対象になるとしても、現実には被相続人が所有し管理運用していた財産の運用状況が調査されます。相続財産は相続人等に相続されますが、その相続人等の中には認知された子や特殊関係人がいることは稀ではありません。相続税調査は極めてプライベートな部分にまで及びます。

　また、相続財産を隠匿する事例が後を絶たないことから、隠匿財産を暴き出す手法を駆使した特殊な調査をします。そのため、調査を受ける側が所得税や法人税の調査を熟知していても、相続税調査の対応に戸惑うことが多くあります。

　調査官は様々な疑問や確認事項を矢継ぎ早に繰り出してきます。不慣れな税目であるため、対応に苦慮します。調査は、証拠資料の濃淡、調査官の熟練度、納税者の対応等で時々刻々変化します。調査官は申告漏れ財産が想定される事案を調査するわけですから、一定の信念と勢いを持って臨みます。ある程度の予備知識を持って対応したほうがよいでしょう。

　本章では、特殊な税目である相続税の調査でも、パターン化された手順と技法を解説します。相続税調査についてその概要を調査前につかんでおくことは、調査対応がスムーズに進むことになります。

SECTION 1

準備調査と事前通知

1 準備調査

(1) 調査担当事案の交付

　申告審理によって調査対象事案が絞り込まれた後、事案が統括官から担当者に交付されます。事案の軽重、調査官の経験度合いを見計らって、適切に配分されます。調査期間と1件当たりの投下日数が限られているので、担当者を慎重に判断します。

(2) 準備調査

　事案の交付を受けた調査官は、申告内容の検討を開始します。調査連絡と並行して、準備調査を進めます。準備調査とは、納税者に接触する前にその事案の調査すべき項目を抽出して整理することをいいます。申告審理では重点的な調査項目を抽出しますが、準備調査では、具体的かつ詳細な調査項目をピックアップします。

(3) 準備調査の重要性

　相続税の場合、調査対象者は相続人等ですが、実質的には被相続人の生前の経済活動を調査しますので、過去に遡って金融資産情報を検討する必要があります。また、主要な財産である土地等をはじめとする財産評価の検討を欠かすことはできません。臨宅調査及び関係会社の反面調査はほとんどの場合1日で終わります。短期間で調査を効率よくかつ的確に進めるためには、準備調査が重要となります。また、準備調査を進めることによって被相続人の生前の在り方がうっすらと見えてきます。

(4) 具体的な準備調査

　準備調査は細かな事項まで徹底してチェックします。例えば相続税や所得税を納付した金融機関まで確認します。準備調査は各担当者が自由に行うのでは

118

なく、定型の「準備調査書」に基づいて進めます。そのため事案の軽重にもよりますが準備調査だけで1日から数日を要します。

概ね次の要点を確認します。

① 申告内容及び添付書類の確認

② 預貯金等取引情報の整理と調査事項の抽出

③ KSK情報の検討

KSK情報には生前の経済活動・財産情報が大量にストックされています。KSK情報のうち財産の保有資料は確認する必要があります。取引関係情報は古すぎて参考にならないものがありますので、取捨選択します。

④ 財産評価

土地等の評価の検討は大変重要です。財産評価基本通達に則っているか否かが中心となります。評価誤り若しくは評価の方法が不明な事項を抽出します。

⑤ 減額要素の確認

相続税申告書の計算誤りや土地等の評価に誤りがあり、課税価格が減少し相続税額が減額となる場合があります。減額要素についても調査着手前に把握しておきます。

2 調査の開始まで

(1) 事前通知

国税通則法の規定では、実地調査に着手するにあたって納税者及び税務代理権限証書を提出している税理士等（以下「税務代理人」といいます）に対して調査の通知をすることとなっています（通則法74の9①）。これを事前通知といいます。

事前通知の内容は次の通りです。

① 質問検査等を行う実地調査を開始する日時

② 調査を行う場所

③ 調査の目的

④ 調査の対象となる税目

⑤ 調査の対象となる期間

⑥ 調査の対象となる帳簿書類その他の物件

⑦ その他調査の適正かつ円滑な実施に必要なものとして政令で定める事項

国税通則法施行令第 30 条の 4 では、納税義務者の氏名住所等及び調査担当職員の氏名、所属官署等が規定されています。

(2) 日程の調整

この日程は調査官の一方的なものではなく、合理的な理由があれば納税者及び税理士と調整することができます（通則法 74 の 9 ②）。相続税調査の場合、調査予定日の 1 週間から 10 日くらい前に連絡があります。主たる相続人が被相続人の配偶者で高齢である、相続人が複数いる、立会いをする相続人の日程が取れない等から日程調整がうまくいかないことがあります。主たる相続人の立会いがなくては、相続税の調査は進まないことから必ず日程調整をします。通達「国税通則法第 7 章の 2（国税の調査）関係通達の制定について」において日程や調査場所の変更について合理的理由があれば可としています。例えば、納税義務者等（税務代理人を含む）の病気・怪我等による一時的な入院や親族の葬儀等の一身上のやむを得ない事情、納税義務者等の業務上やむを得ない事情がある場合は、合理的な理由があるものとして取り扱われます。

(3) 事前通知の相手

事前通知は納税者の事前の同意がある場合には、税務代理人に行えば足ります（通則法 74 の 9 ⑤）。この場合、税務代理人が税務署に提出する税務代理権限証書に、納税者の同意を記載しておく必要があります。2014 年（平成 26 年）7 月 1 日以後に行う事前通知から適用されています。

(4) 事前通知を要しない場合

税務署長等が調査の相手方である納税義務者の申告内容、若しくは過去の調査結果の内容又はその営む事業内容に関する情報その他国税庁等が保有する情報から推測して、国税に関する調査の適正な遂行に支障を及ぼすおそれがあると認める場合には、通知を要しないこととなっています。相続税調査の場合、

相続人が事業を行っていないことが多く、不在である可能性が高いこと等から無予告調査はほとんどありません。無申告事案の場合でも事前に連絡の上で、臨宅調査をしていると考えられます。

SECTION 2

相続税調査対応の基本的な心構え

　税目にかかわらず税務調査は同席する税理士にとって気分は落ち着かないものです。申告の誤りが税理士自身の過失であることを指摘される可能性もあるからです。特に相続税は、取扱い頻度が少ないため不慣れであること、財産評価というハードルがあることから誤りを指摘されることが多くあります。また、相続人が情報を全て提示していない危惧があります。一生のうち相続税を申告することが希であり、そのため相続税の調査に接する機会が少ないことから相続税調査を軽く考える相続人もいます。

　相続税調査は、所得税又は法人税と異なり申告の基となった帳簿があるわけではない。数十年にわたって蓄積された財産情報、被相続人及び相続人の経済活動や性向、などの聴取による財産の把握、臨宅調査時における資料収集を元に申告から漏れた財産を追求します。また、個人財産を洗い出すという特殊な調査です。そのため調査官はプライバシーにかかわる部分に入り込まざるを得ません。長年の付き合いのある税理士が同席していても、税理士には決して聞かせたくないこともあるでしょう。逆に税理士が知っていて相続人が知らないこともあることでしょう。遺産分割でもめている家族もあり、財産の所在や使途について相続人間で探り合いや不信が蔓延していることもあります。このような場面に調査官が来ます。三者三様の難しい立場を抱えながら調査に臨みます。

　相続税調査は、次の点に留意して臨みます。

(1) 調査理由を早期に知る

　調査対象となった事案は、理由が必ずあります。過去の収入や高額な出金の使途を調べ尽くした上で、ほとんど間違いない申告書を作成したつもりでも調査に来ることがあります。一般的には被相続人の過去の不明出金、家族名義預金、土地又は株式評価誤り等があります。調査のターゲットが早めにわかれば、

それなりの対応ができます。

(2) 調査官は預金情報を入手している

　金融機関の取引情報はほとんど調査官の手元にあると考えたほうがいいでしょう。申告書に記載された被相続人の取引金融機関の口座情報のみならず、家族名義の取引情報は入手、分析済みです。

(3) 相続人等の個人口座についての質問は回答をはぐらかさない

　被相続人及び相続人の預貯金取引等の情報を準備万端にした上で調査に臨んでいます。その上で、相続人等に金融取引等について質問します。相続人等が自分の個人口座について、嘘、ごまかし、不知と回答することは不要な疑念を抱かせることになり、時間を費やすだけです。そもそも、調査対象となっているのは被相続人ではなく、相続人等であることをしっかり認識します。

(4) 書類の整理

　相続財産に関する書類は、一括しておきます。遺産分割が終わると、配分された財産に関する書類は相続人に行きますが、被相続人の自宅内にも相続財産に関する資料が相当残っています。これらは調査前にまとめておきます。極端に整理整頓する必要はありませんが、意味のない書類などを放置しておくことは避けます。一か所にあることにより、対応が素早くなり調査が早く終わります。

SECTION 3

相続税調査についての相続人への説明

1 相続人の立会い（臨席）

　相続税の納税義務者は、相続又は遺贈により財産を取得した者（以下「相続人等」といいます）です（相続税法1の3）。当然、相続財産を取得した相続人等全員が相続税調査の対象となります。被相続人が調査対象であると考えると大きな誤りです。ただし、調査そのものは被相続人の生前の財産の運用です。ここが相続税調査及び調査対応の難しいところです。

　複数の相続人等がいる場合、調査当日は相続人等全員の臨席を求められます。

　国税通則法の規定により、調査官は事前通知を確実に行うこととなっています。税理士に調査の連絡が来た場合、相続人等に対して調査のあることを伝えます。相続人等の一部に調査の連絡をしないで、特定の相続人だけで調査を受けることは、後々のトラブルの原因となります。相続税の場合、複数の納税義務者がいることが多くあります。税務調査は納税義務者に対して行われるものであることから、調査対象となる相手のみに事前通知をすれば良いこととなっています。しかし、被相続人の財産の調査経過において他の相続人等の調査にも及ぶこともあります。そのため、相続人等全員に調査の事前連絡をします。また、他の相続人等への連絡を主たる相続人又は税理士に依頼されることがありますが、その場合確実に実行します。

2 調査に立会う相続人等に対する説明

　被相続人の配偶者、とりわけ女性の配偶者は被相続人の経済活動に携わっていない場合が多く、税務調査について認識がない人が多くいます。相続税調査は個人の財産を調べる特殊な調査であることから、所得税や法人税の帳簿が中心の調査とは異なる場面が多くあります。

124

調査が開始される前に相続人等に相続税調査の概要について説明します。次の様式は、相続人等に対して調査の概要を説明するポイントを表にしたものです。

故　○○様　相続税調査についての説明事項

説明の日：20○○年○月○日

税理士　○○○○

【調査の概要】

調査日時	・20○○年（令和○年）○月○日 ・自宅での調査は原則として1日です。
調査開始時間	・10時
調査終了時間	・17時頃 ・場合によっては、皆様の了解を得た上で時間が超過することがあります。
調査場所	・ご自宅 ・株式会社○○　本社
調査担当者	・○○税務署　資産課税第○部門 　　上席調査官　　　○○ 　　調査官　　　　　○○
相続人の立会	・相続人の方々はできるだけ立会って頂くよう、連絡をお願いします。 ・当日都合の悪い方は、無理する必要はありません。 ・当日不在の相続人には、後日調査官が個別に連絡をする場合があります。
事前に準備して頂く書類	・相続税申告書及び関係書類 ・故○○様の預貯金通帳等 ・調査に必要な書類は、その都度調査官から提出依頼があります。
調査の終了	・調査の過程で、疑問点がある場合は随時解明依頼があります。依頼された事項については、速やかに回答をすることが調査を早めに終了するポイントです。 ・調査終了まで1か月～2か月位です。 ・旅行等は差し支えありません。長期の不在の場合は必ず連絡してください。 ・調査が終了の場合は、事前に連絡があります。 ・調査結果の説明を受けるため、税務署に同行して頂くことがあります。

【調査の内容】

調査官の質問	・調査官は故○○様のみならず、相続人、親族、会社役員等関係者の事情を事細かく質問します。 ・知らないことは、知らないと明確に答えてください。
自宅調査	・申告された財産の所在を確認するため、自宅内を臨場調査する場合があります。故○○様他ご家族の使用していた自宅金庫、机や引出し等確認します。 ・香典帳・電話帳・日記・手帳等は必ずチェックされます。 ・貸金庫の利用がある場合は、同行を求められます。 ・自宅周辺、貸家等不動産の利用状況を確認します。
会社調査	・株式会社○○に赴き関係簿書を調査します。 ・名義株の有無を確認する場合があります。 ・株主名簿、株券台帳、取締役会株主総会等議事録、配当金・給与等の支払関係書類等の提示を求められます。
銀行、証券会社調査	・銀行・郵便局・証券会社等関係金融機関に行って取引状況を調査します。
家族名義金融資産	・ご家族に高額な預貯金がある場合は必ず資金源を問われます。正確な回答ができるようにしてください。 ・ご家族名義で高額な不動産又は車等がある場合、その取得資金について質問があるかもしれません。
書類の借用	・使用済普通預金通帳等を調査官が借用する場合があります。 ・借用書は書類が返却されるときまで大切に保管してください。

【必要に応じて】

修正申告	・調査の結果、相続財産の申告漏れがあった場合は修正申告書を提出して追加で納税をします。 ・修正申告書の提出は相続人全員で行いますので、相続人の方々に周知します。 ・追加の遺産分割協議書を作成する場合があります。
追加納税	・追加納税がある場合は、相続人各自が行います。
加算税・延滞税	・追加納税に対して加算税と延滞税が賦課されます。この加算税と延滞税については調査官から説明があります。

SECTION 4

臨宅調査

1 臨宅調査の開始

(1) 臨宅調査とは

実地調査は「納税義務者が支配・管理する場所（事業所等）に臨場して質問検査等を行う（「国税通則法第7章の2（国税の調査）関係通達の制定について」4-4)」ことをいいます。所得税、法人税の実地調査は事業所又は会社の所在場所（帳簿の保管している場所）に臨場します。相続税の調査は、納税義務者である相続人等の自宅ではなく、財産の所有者であった被相続人の生前の生活の拠点である自宅で行うことが鉄則です。被相続人の身辺にかかわる一切のものが保管されている場所として、被相続人の自宅が最優先ですが、事案の内容によっては関係会社や被相続人の個人事務所等にも臨場します。相続税の調査では、被相続人又は相続人宅に実地に赴くことを「臨宅調査」といいます。

(2) 調査担当者

相続税は2人組で臨宅調査するのが原則です。所得税や法人税とは異なった態勢ですが、これは個人の財産を洗い出すという相続税の特殊性から来ており、調査中のトラブル回避の意味合いがあります。被相続人の生前の経済活動及びそれに伴う蓄積財産の概要を聞き取り、さらに相続財産の内容を一日で確認しなければなりません。膨大な時間を要するため、2人で臨場し、財産を一つ一つチェックします。国税局が担当する事案や税務署でも規模の大きな事案では臨宅調査に3人以上で臨場することもあります。

(3) 調査時間

臨宅調査は、通常10時頃から開始します。

128

2 調査官の質問

　調査官は、申告財産の確認前に、被相続人の生前の概要を聞き取ります。調査官の質問自体は驚くようなものではありません。税理士が相続税の申告を依頼されたときに、相続人に確認する事項と大差ありません。調査官の質問は、知人間の対話のように進み、さほど重要な内容があるわけではありません。ただし、調査官の質問には必ず目的があります。もちろん、申告漏れとなっている財産の究明もしくは端緒の把握です。調査官の質問には次のポイントがあります。

① 無駄な質問は一切ない

　　相続税の調査は、相続財産という膨大な財産の確認と様々な資料のチェックをわずか数時間で行います。ちょっとした時間のロスで重要な資料を見逃してしまうことがあるかもしれません。調査官は次から次へと質問を繰り出します。これはもちろん被相続人の生前の経済活動の状況を確認するとともに、そこに申告漏れ財産の端緒があるという推定の下に行われます。申告書に添付、記載してある事項でも、あえて質問することにより齟齬を見極めようとすることもあります。調査官の質問には必ず目的があり無駄な質問は一切ありません。目的を推断し、吟味した回答が必要となります。

② 雑談も調査のうち

　　調査は日数の制約もあり、調査官は効率よく終わらせることに必死です。特に、相続税調査の場合はボリュームがあること、相続人との日程調整が難しいこともあり臨宅調査においてできるだけ調査参考資料の収集に努めます。雑談に時間を割くような余裕がないのが実態です。雑談をしているようでも、内心は相続財産に絡む情報の収集をしています。

③ 細かい同じ質問を何度も繰り返す

　　税務調査は典型的な 5W1H（Who、When、Where、What、Why、How）の追求です。被相続人及び相続人等の行為ひとつひとつについて 5W1H を

当てはめ解明していきます。

　調査官は調査に着手する前に預貯金取引や財産に関する十分な情報を仕入れています。その中でも相続財産の申告漏れに絡みそうな情報を基に調査を展開します。例えば、相続人名義の預貯金又は証券取引口座への高額入金日と同日に被相続人の口座から高額な出金がある等が典型例です。相続人にその入金の原資を確認すると、相続人の自己資金と答えますが、何度も同じ質問を繰り返すことで、前回の回答と矛盾した答えが返ってくることが往々にしてあります。ちょっとした間隙を追及されてしまいます。

④　調査官の目は常に周囲を見張っている

　相続人との対話と書類に集中しているようでも調査官の目は常に周囲の状況を把握しています。現物確認調査ではじっくり探索しますが、それ以外でもアンテナを低くすることはありません。相続人等の会話だけではなく、所作、挙動を注視しています。筆者の経験でも、自宅金庫内を確認しているうちに、長男の配偶者が一通の封筒をそっと座布団の下に押し込んだのがちらりと見えました。臨宅調査の終わりころに、配偶者が座布団の下に仕舞い込んだ高額な金融資産の証書を把握した事例があります。また、他の調査官の事例ですが、配偶者の視線が始終部屋の片隅に行くので、帰る間際に視線の先の畳を上げてもらい、申告から除外した証書等を把握した事例があります。

3　質問例

　下記は、調査官の質問例とその質問の趣旨等です。調査の展開にとって必要な質問です。被相続人の性格や日々の行動も調査の展開によっては参考になります。出かける頻度、交通手段、同行者などです。金融資産の運用でも電話、営業担当者の来宅、営業所に赴く等人それぞれです。

質問事項	質問の趣旨又は質問に対する対応
【被相続人の状況】	
出身地はどちらですか	出身地に不動産はないか確認している。 　提出された戸籍謄本等で出身地は確認できるが、具体的な所在を確認する。
被相続人のご両親はご健在ですか	被相続人の両親からの相続財産の有無を確認する。 　被相続人の両親が死亡している場合は、相続財産が分割されているかどうか確認する。死亡した親名義財産が未分割のまま放置され、相続登記していないことがある。被相続人の親からの相続財産のうち、法定相続分は相続財産に加算する必要がある。 　被相続人の親の相続財産の申告漏れは、意外とある。
配偶者（相続人）のご両親はご健在ですか	配偶者名義の金融資産が多額にある場合、配偶者の親等からの相続財産の場合がある。今回の相続財産と区分する必要がある。
住所の移転状況を教えてください	前住所地の不動産、金融資産等の有無を確認する。 　前住所地の不動産を処分した場合、処分代金の使途を解明する必要がある。
ご自宅はいつ頃取得したものですか	現住所地の取得資金を解明することにより、高額な出金の解明につながることがある。 　増改築等があった場合、その時期も質問される。増改築した部分が固定資産税評価額に反映されていないことがある。
被相続人の経歴を教えてください	蓄財の経緯を把握する重要な質問である。 　事業意欲が旺盛な場合、その片鱗が財産として残っていることがある。
【相続人の状況】	
相続人の方々の職業と勤務歴を教えてください	相続人の蓄積状況を判断する材料である。
相続人の配偶者のご両親はどのような方ですか	相続人の配偶者が相続財産等があり、ある程度の資産を所有していることもある。早目に情報を入手し、今回の相続財産から切り離しておく。
【被相続人の趣味・嗜好】	
被相続人の性格はどのようでしたか	几帳面（手帳、日記帳類が残っているか）、大雑把、親分肌（金遣いが荒い）等々。ちょっとしたヒントで、申告漏れ財産につながることがある。
生前に趣味はお持ちでしたか	軽く聞く程度。趣味から相続財産の漏れにつながることはほとんどないが、何らかの端緒、ヒント、会話の接ぎ穂が得られる。
ゴルフ	ゴルフ会員権の所有の有無の確認。過去に所有していた会員権名とその処分内容について確認する。
旅行	国内か海外か。パスポートの確認により入出国の日がわかり、預貯金からの不明出金が解明できる場合がある。 　頻繁な入出国は海外資産に繋がる可能性がある。

	書画骨董	書画骨董等美術品に対する関心が、鑑賞又は所有により質問内容が異なる。書画骨董の申告があれば、購入先、譲渡の有無及び保管状況等を細かく質問を受ける。

【公職・交友関係】

公職や業界団体等の役員等の経歴はありますか	政治歴・団体役員等の役職歴の質問を受ける。
政治家の知人・友人はいましたか	友人政治家の有無を確認している。
友人はどのような方がいますか	友人・知人との貸借関係の有無の確認。 　財産の運用を任せるくらいの信頼のある友人のチェックをしている。 　多額の香典を出している人は何らかの強い関係があるので、付き合いの内容を確認している。金銭が絡む関係が多い。

【病歴】

過去の病歴と入院歴を教えてください	過去の入院歴は日付まで細かく聞きとる。入退院に合わせて金の出入りが激しくなるので、調査のポイントである。
持病の有無と病状	死を予感させる病気であれば何らかの相続対策をやっている可能性がある。

【死亡に至る経緯】

死亡の原因と発病の時期について教えてください	発病後に金の動きが激しくなることが多い。不明出金も多くなるため、使途解明をする必要がある。 　発病後死亡するまでの間に相続税対策を講じる余裕の有無を見極める。
入院先・病室担当医師名	調査の展開次第では役に立つ。
付添いの方がいたら名前を教えてください	調査の参考に付添いの氏名を確認しておく。 　付添いに現金を預ける、又は付添いを介して高額な現金を受け渡す事例がある。
手術の日はいつですか	手術の結果を見越して相続税対策のため金銭が動くことがある。
被相続人の意識はいつ頃まではっきりしていましたか	意識がないのに、養子縁組、借り入れ、不動産の取得等、相続税対策をする事例もある。 　死亡直前の行為が、本人の意思能力がなかったとして、否認された事例がある。
医療費はどなたが支払っていましたか	誰がどのような原資から支払ったか聞かれることが多い。被相続人の財産の流用、隠匿につながることがある。
入院していた時期の会社への関与状況はどうでしたか	重要な質問である。 　被相続人の入院中に財産を動かしている者がいるかどうか調べている。事業の指示及び銀行手続きの行為者は調査官が必ず確認しておく事項である。規模が大きい会社は秘書又はいわゆる番頭が被相続人の財産を管理している例は多い。

【自宅での財産管理状況】	
預金の出し入れはどなたがやっていましたか	相続人が預貯金を管理又は運用している場合、調査の展開が早い。隠匿財産が把握された場合、相続人の行為の認定がし易く、また加算税に影響がある。
株券・預金通帳はどこに保管していますか	調査日現在の相続財産の保管場所の確認は相続税調査の基本中の基本である。 自宅内又は貸金庫であっても、必ず保管場所に赴いて確認する。
入院時はどなたが預貯金通帳等を管理していましたか	相続人の行為を判定する大事な質問である。
【会社での財産の管理状況】	
秘書等がいましたら、住所・氏名を教えてください	規模の大きい法人では個人財産を管理している者がいることが多い。管理者は、他人の財産の管理をしている立場上細かい記録を作成している。財産の運用状況の解明に役に立つ。
財産管理者が管理していた期間を教えてください	財産管理者の交代がある場合は、引継ぎを行っているはずである。引継ぎ関係書類は重要な情報の宝庫である。
車の運行記録や出張記録がありますか	車の運行記録から公表外金融機関が把握された事例がある。
【手帳・日記帳・備忘記録等】	
被相続人の日記帳・手帳等がありましたら確認したい	日記帳及び手帳は個人の行動記録であると同時に金銭の備忘録でもある。 日記帳を丹念に読み解いて、公表外の金融機関の担当者に多額の現金を渡していたことを把握した事例がある。また、手帳は金銭出納帳となっていたことがある。
奥さんは家計簿をつけていますか	申告以外の金融機関を把握できることがある。 公表外の銀行や証券会社の営業担当者に金を渡したことを家計簿に克明に記録していた事例がある。
【葬儀・債務】	
通夜・葬儀の日時と場所を確認したい	必ず確認する事項であり、相続税調査の基本である。 相続後に相続人の口座に高額な入金がある場合、調査の対象となる。香典をまとめて入金するケースがある。
香典帳を拝見させてください	香典帳の確認は基本である。多額な香典をチェックし、その者との親疎の程度を聞き取る。近年はあまり事例がないようであるが、公表外金融機関からの多額の香典は疑念を持たれる。
債務の理由と経緯を教えてください	高額な借入金の使途又は化体財産の解明は必須である。申告前に確認しておく必要がある。また、返済資金についても問われる。
【経常収入の管理状況】	
給与等の支払日と受領方法	同族法人の場合に特に注意する。給与、賞与、配当等の受領方法などが質問される。

地代家賃の受領方法	地代家賃の管理台帳を確認する。現金受領の場合の入金先・使途の調査をする。 多額の地代家賃を相続人が勝手に費消している事例は多い。
生活費について教えてください	1か月の生活費の額及び生活費の受領状況を聞きとる。可処分所得の計算する際に必要となる。 各種公共料金の引き落し口座は必ずチェックされる。

【取引金融機関】

取引金融機関について教えてください		メインバンクの確認が最優先である。 取引金融機関名は過去に取引があったものも必ず確認する。
	取引開始時期	取引開始が最近の場合、それ以前の取引金融機関があるはずである。
	入出金の方法	営業担当者の訪問か窓口の取扱いかを確認する。
	営業（得意先）担当者名	相続開始前後と調査日現在の営業担当者名を確認し調査の参考とする。 被相続人が事業者又は会社経営者の場合、営業担当者は事業も含めて担当しているので、被相続人の内部事情及び財産情報に相当詳しい。 営業担当者に対する反面調査から、申告漏れ財産の端緒となる情報を入手した事例は多い。
	営業担当者との接触内容	営業担当者が自宅に来る場合、預金通帳や現金の受渡しの程度を確認する。
貸金庫を利用していますか		臨宅前に普通預金通帳で貸金庫の利用料の引落しを確認しているが、貸金庫や貸倉庫の利用は必ず質問される。 家族名義で利用している場合もある。 貸金庫の利用がある場合、当日のうちに内容物の確認が行われるので心構えをしておく。
	契約開始年月日	貸金庫取引前はどのような方法で財産を管理していたのか。
	開扉代理人の氏名	貸金庫開扉の代理人がいる場合、相続後も開扉が普通にできるので、重要な質問である。
	内容物と現在の利用状況	相続開始後の開扉状況及び内容物について質問を受ける。

【相続人の所有財産】

相続人を含めたご家族の方全員の取引金融機関について教えてください		重要な質問である。 家族全員の取引金融機関名、口座名及び利用状況を聞き取る。 最後に「これ以上の取引金融機関はありませんね」と念を押されるが、後日、重加算税賦課の根拠となる場合もあるので、回答は十分注意する。
	取引金融機関名	子供の学費引き落とし口座程度のものでもチェックされる。
	取引証券会社	相続人等に株式取引がある場合、証券会社名及び営業担当者名はチェックされる。また、株式取引の資金源について質問される。

貸金庫を利用していますか		貸金庫や貸倉庫の利用は必ず質問される。 　納税義務者である相続人の利用している貸金庫は調査の対象である。 　調査の連絡があった後に被相続人の貸金庫を開扉し、申告から除外した相続財産を別途相続人名義で借りている貸金庫に移していた事例がある。
	内容物と現在の利用状況	相続開始後の開扉状況及び内容物について質問を受ける。
ご家族や親族の方で、被相続人から生前に贈与を受けた財産はありましたか		相続開始前7年以内のものにこだわらない。相続対策の開始時期を判断する。 　名義預金の判定の資とする情報を収集している。
	受贈財産の明細	現金の贈与を受けた場合、調査日現在の現金の保管状況又は使途について質問される。 　金融機関に預けた場合、その金融機関名を問われる。
	贈与税の納付状況	受贈者の贈与税の納税資金について質問される。特に不動産や非上場株式の贈与の場合、贈与税の納税資金は事前に確認しておく。贈与者が支払っていれば贈与税課税の問題が生じる。

【相続税の納付状況】

相続税の納付について教えてください		相続税は高額になることが多く、納税資金源は調査の重要なポイントである。相続財産を譲渡していれば、譲渡内容について質問される。 　相続財産に反映されていない無記名金融債や金現物の譲渡で納税資金を手当てしていた事例があった。
	納税資金源	相続税は財産を取得した相続人等が納める。特定の相続人が一括で納付した場合、贈与税の問題が生じる。
	納付金融機関	納付金融機関が被相続人又は相続人が利用している金融機関以外の金融機関の場合、その理由について質問される。

【遺産分割】

遺産分割の経過について教えてください	遺産分割が決まるまでの相続人各人の主張について質問を受ける。遺産の分配が偏っているときは、その理由について問われる。
未分割の場合、相手方の主張は何ですか	争っている両当事者の主張を丁寧に聞き取る。当事者の一方は、もっと財産があるはずだという主張であることも多い。 　争っている当事者の主張を基に隠匿財産を把握した事例がある。
遺産の分与を主張する人等被相続人と特に親しい人がいましたか	相続人を除き、遺産に対して分与を主張する者の有無を確認する。いわゆる特殊関係人のことである。 　非常に微妙な質問なので、相続人に直に聞けない場合がある。会社関係者や関与年数が長い税理士などにそれとなく尋ねる。 　特殊関係人を把握すれば相続税調査の8割は終わるといわれる。不明出金の大半は特殊関係人又はその子に渡っており、贈与税が課税されて終わる事例が多い。

4 自宅内の確認調査

(1) 現物確認調査

　相続税調査は、現物確認調査と称して自宅内の状況を確認します。申告された財産が調査日現在どのような形で保管又は運用されているかを現場で確認します。相続税の納税義務者は相続人であるとはいっても、被相続人の財産の運用状況が調査の骨子であるので、生前の財産の運用状況を調べる前に、相続財産の現物の所在の確認がスタートとなります。申告された家庭用動産を確認するというのも口実になります。

　具体的には次のような場所です。

① 自宅内の概要の確認

　　最初に自宅の間取りを確認し、優先箇所を検討・判断します。一般的には金庫、預貯金通帳、登記済権利証（登記識別情報）等重要書類を保管してある部屋から開始します。

② 自宅金庫

　　自宅内に金庫がある事案も結構あります。調査は金庫の内容物の確認から開始します。一般的に相続税調査は金庫内を調べられることは常識であることから、事前に相続人等が整理済みであることが多いです。しかし相続人が確認済みであることをわかったうえで、隠匿財産の片鱗や参考資料を収集する姿勢で臨んでいます。山積みされた雑多な資料の中から申告漏れ財産へとつながることが少なからずあります。預り書、封筒のメモ書き、古い手帳、使用目的不明の鍵等々どのようなものからでも申告漏れ財産につながることを期待して現物確認調査をします。巧妙に作られた二重底の金庫にだまされた事例があります。

③ 被相続人の机及びその周辺

　　金庫以外では、被相続人が生前使用していた机及びその周辺が調査のポイントとなります。被相続人の机などは、意外と相続人は整理しないことが多く、生前の経済活動をうかがわせる資料が残されています。現物確認調査の

目的は、財産情報の収集であることは述べましたが、そのような重要書類を堂々と出しておくことはありません。調査官が捜しているのは財産につながるメモです。特に意味不明な数字のメモがある場合、その解明に全力投下します。人は意味のない数字を書いて保存することはありません。メモ書きを解明することで多額の相続財産を把握した事例は数多あります。

④　香典帳・電話帳・日記・手帳等

　　最近、調査の立会いをしたときに、調査官が「香典帳」「電話帳」を確認していました。調査手順は、昭和年代とほとんど変わっていません。

　　香典帳を確認するのは、被相続人の生前の交友関係や相続人の社会的立場を調べることにあります。しかし、相続財産の隠匿につながることは稀です。昭和年代には、金融機関に無記名定期預貯金や架空名義預貯金が多くありました。公表外の銀行の支店長名で香典があれば、その銀行で公表外財産の運用が推測されます。また、上場株式や投資信託の申告がないのに、証券会社からの香典がある場合、やはり何らかの投資が疑われます。相続人が取引している証券会社からの香典である場合もあります。その場合でも、相続人の口座に被相続人から資金の拠出の有無を調査する必要が出てきます。また、相続人を通して被相続人の資金を他人名義又は架空名義の口座で運用していた事例もあります。

　　手帳・日記帳が、そのまま生々しい金銭出納帳となっていた事例は多くあります。

⑤　その他の自宅内

　　自宅内をひととおり確認します。納戸、寝室やキッチン等全ての部屋です。被相続人の生活の概要を知るとともに、提示された金庫のほかに財産を保管しておく可能性のある場所を探索しています。

　　筆者の体験又は聞き知ったものでも、冷蔵庫、冷凍庫、洗濯機、植木鉢、車のトランク等に金現物、無記名債権、架空名義定期預金証書、定額郵便貯金証書等を隠匿していた事例が多くあります。一般的に相続税の調査は仏壇の中を見られるという程度のことは知られています。冷蔵庫や洗濯機の中ま

137

では見ないだろうと、安易な気持で金融資産等を入れておくのでしょう。

⑥ 自宅周辺

　自宅周辺は、本宅以外の家屋があるか、敷地の評価が適正かどうかを確認します。近隣に貸家や貸付土地がある場合、その貸付け状況を確認します。貸家が申告されている場合、実際に借家人がいるかどうかを中心に、財産評価の適正性をチェックします。

(2) 対応

　被相続人の自宅の現物確認調査は、申告財産（家庭用動産、書画骨董等）の適切性の確認と共に、被相続人及び相続人等の財産資料を収集するために行われます。課税上問題がなくても、他の相続人等に対する関係上、不都合な資料等は事前に整理したほうがいいでしょう。

　特に問題がなければ自宅内を案内します。

5　印鑑及び印影の確認

(1) 印鑑の保管場所の確認

　実印及び認印は、保管に気を配ります。とりわけ実印は重要であり、日常的に使用されるものではありません。通常、家族以外に目を触れられることのない場所に保管します。実印の保管場所は他の重要書類も一緒に保管されていることが多くあります。調査官はその場所を自ら確認します。

(2) 印影の収集

　調査官は、被相続人及び相続人等が使用している全ての印鑑の提示を求め、その印影を収集します。その印の使用頻度や使用目的を聞取り、その後の調査の参考とします。印影の収集は、金融商品取引の届出に使用しているものの抽出及びその使用頻度を確認するために行われます。まず調査官持参の白紙に朱肉を付けずに押印します。いわば、カラ押しをします。カラ押しで印影が明確に出る印鑑は最近使用したことがわかります。使用頻度が高いかどうかを確認するためです。その後、朱肉を付けて2、3回押印し、その印の使用目的及び使用金融機関等を一つ一つ確認します。相続人及び家族等の印を要求されること

があります。近年は印鑑の重要性は次第に薄れてきています。それでも、押印の機会はまだまだあるため、必要に応じて使い分けることも多くあり、一人で何本も持っています。相続人は納税義務者です。特に問題なければ応じます。

なお、同居する親族以外の印がある場合は、その所持目的や理由を細部にわたって質問されます。他人から預かっている印鑑は返却しておきます。そもそも、他人名義の印鑑を所有していることは、あらぬ疑いの元です。

(3) 対応

印鑑の保管場所の確認は、現物確認調査の一環として行われます。印は生活する上で重要な道具の一つであり、特に実印は一般的に、他の重要な資料等（預金証書、金融資産の証書等）と同じ場所に保管されています。保管場所への確認は、特に問題がなければ応じます。印鑑の保管場所を確認されることを相続人に伝えておきます。

---

6 証拠資料のコピーへの対応

(1) コピー又はデジタルカメラ撮影

調査官は、使用中の預貯金通帳のような借用できない書類はコピーします。相続人宅にコピー機があればそれを利用し、ない場合は相続人の了解の上近くのコンビニ等でコピーします。また、近年はデジタルカメラで撮影することもあります。デジタルカメラでの撮影は、簡便であること、コピー代の負担について面倒なことがないため、とにかくスピーディに調査が進みます。

(2) 対応

調査終了した時点で、調査官から調査内容及び調査結果についての説明を受けます。調査官の説明資料のうちに、自宅又は関係会社で調査官がコピー又は撮影した資料を基に調査内容の説明を受けることがあります。相続人にとって、どこにある資料なのかわからない場合が生じます。資料の写しを請求しても、交付されないことが多くあります。

後日の検証に必要となるので、無駄のように思われても、できるだけ調査官がコピーしたものと同じものをコピーします。書類が大量にあるときほどその

コピーが後日役に立ちます。同様に調査官がデジタルカメラで撮影したものは、納税者側も同じものを撮影しておきます。調査官が入手した資料と同じものを、納税者側でも確保しておきます。

7 同居親族の取引金融機関の確認

(1) 相続人等の取引金融機関の調査

相続税調査は、被相続人の取引金融機関で被相続人の生前の口座だけを調査するわけではありません。納税義務者である相続人のほか相続人の配偶者、孫等親族の金融機関取引も同時に念入りに調査します。

臨宅の際に調査官から、被相続人と同居している親族や調査に立ち会っている者等の取引金融機関及び口座等について、書面に記入することを求められることがあります。

(2) 対応

相続人等が被相続人の生前から運用してきた財産については調査の対象となるわけではありませんが、被相続人の資金との強い関連性が疑われる取引も往々にしてあります。被相続人から相続人、又はその親族の口座に資金が移転しているようなケースです。これは相続人等の口座を調査するだけではわかりません。被相続人の口座と相続人等への口座への入出金状況等が連動しているかどうかを確認する必要があります。そのため相続人等の口座の利用状況を克明に調査します。また、孫等の資金についても同様に、被相続人との関連性を調査されます。

取引金融機関名、口座名は特に不都合がなければ、口頭で回答します。口頭で回答する理由は次の通りです。

① 調査を受忍する以上、取引金融機関名等の回答に不都合はない。

② 書面をもって回答する場合、調査に同席していない他の相続人とのバランスを考えなければならない。

③ 書面に記載漏れがあった場合、意図的に漏らしたと指摘される恐れがある。

④ 書いたものを提出すると、後日取り返しがつかなくなる。

140

SECTION 5

貸金庫の開扉

1 貸金庫の開扉

(1) 開扉代理人

　貸金庫を利用していることが判明した場合、調査官は貸金庫内の収納物の確認を求めます。貸金庫使用手数料は、被相続人の普通預金口座から自動引落しになっています。貸金庫は全自動型、半自動型及び手動型等種類がありますが、どの型式の貸金庫であっても、契約者本人の他、代理人の登録ができます。つまり、被相続人が死亡したとしても契約が継続されていれば生存代理人がその貸金庫の開扉ができます。一般的に代理人は生存配偶者であることが多いです。

(2) 開扉

　貸金庫の利用があることを調査官が把握した場合、臨宅調査当日にその内容物の確認のために、銀行に臨場します。内容物の確認には代理人、調査官及び税理士が同行します。被相続人名義の貸金庫は調査連絡があったと同時に内容物を確認していることが多いので、あまり問題となることはありません。

　貸金庫への臨場は臨宅当日が大原則です。不都合な財産を保管している相続人等は当日の開扉を極力避けようとします。銀行店舗の営業時間を過ぎた場合、翌日朝一番に支店の前で相続人等及び調査官が待合せ、開店と同時に貸金庫の中身を確認することもあります。後日その支店の税務調査に入り、貸金庫の開封記録を調べていると待合せ当日の8時半にはすでに相続人等が開封し、何食わぬ顔で調査官と合流する事例も結構ありました。

2 対応

　配偶者又は子名義の貸金庫がある場合、これらの開扉を要求されることがあります。相続人等の貸金庫の開扉を突然要求されると拒否する傾向が強いので

すが、相続税の納税義務者は「相続又は遺贈により財産を取得した者」です。つまり、生存している者が調査の対象となっていることを、十分に認識しなければなりません。相続人が利用している貸金庫の中に、相続により取得した財産が保管されている場合、拒否することは調査官に疑念を起こさせます。相続税調査は受忍するが、相続財産は見せたくないという不可思議な対応となってしまいます。

　筆者の経験でも、少なからずこのようなケースはありました。納税者が貸金庫の中を絶対に見せたくないと強く主張する場合、調査官は口頭で説得する以上の対応はできません。結局確認しないまま終わることがありますが、貸金庫の中に、税務署に見られて困る物が入っていることが確実なので、その後の調査はその相続人の財産の取得及び運用状況をとりわけ念入りに調査されることになります。

SECTION 6

調査官の依頼事項

1　調査官の解明依頼事項

　調査の進展に伴って、調査官から様々な解明依頼を受けます。例えば次のような例があります。

- ・配偶者名義の預金が多額であるため、その原資を調べてほしい
- ・被相続人の高額な不明出金の使途を解明してほしい
- ・被相続人と配偶者の資産のバランスを組みたいので、被相続人及び配偶者の過去の収入を確認できるものはないか

2　対応

　調査官からの依頼事項は、納税者側で調べることができるものは極力調べ、解明結果について間を置かず回答することが、調査を早期に終結させるコツです。また、依頼事項は、申告書作成時に被相続人及び相続人等の預貯金通帳をもとに十分に検討しているものが多くあります。その時点で相続人が見当もつかない高額な不明出金等を把握しているケースもあります。そのような不明出金は当然調査の対象になります。調査官から解明依頼があった場合、納税者が調べても不明であることをできるだけ早めに回答します。納税者が解明事項を回答するまで、調査が停滞した事案がありました。納税者がいくら調べてもわからないものはわかりません。調査手段が限られている納税者が解明するには限界があります。そのことを早期にかつ明確に調査官に伝えます。

　また、過去の収入をもとに、可処分所得や蓄積可能額の計算を求められることがあります。この対応は極力避けます。蓄積可能額の算定は納税者のやるべきことではないことであり調査官の本来の業務であること、生活費等の推算の手段やその結果によっては、調査官の思惑と異なることがあります。納税者が

143

ある程度の計算をして提示した結果、調査官から計算過程が不明朗であると指摘を受ける場合があります。納税者側で計算した根拠を示すことになり、納税者が守勢となります。その後の調査の進展に影響を及ぼしかねません。

SECTION 7

反面調査

反面調査

1 反面調査とは

　臨宅調査終了後、反面調査が行われます。税法における反面調査の適正性は判例で認められていますが、実務的には次の裁決のように解されています。

【参考裁決：2003 年（平成 15 年）7 月 31 日】

　「取引先等に対する調査は、納税者本人に対する調査と同様に、適正な租税負担を実現するために必要な資料を的確に収集することを目的に行われるものであって、これを行うかどうかは、納税者の事業内容、申告内容、調査に対する協力度等その納税者の個別事情から見て、調査権限を有する税務職員の合理的な判断にゆだねられ、また、質問検査権に基づいて行う税務調査は適正な租税負担の実現のために行うものであるから、申告がない場合又は過少申告の疑いが存する場合だけではなく、そのような疑いが明らかでない場合でも申告の真実性、正確性を確認するために行い得ると解するのが相当であり、請求人のような青色申告法人についても格別これと異なった取扱いを定めた法令等の規定は存在しないから、同様に解するのが相当である。」

(TAINS F0-2-187)

---

2 反面調査の重要性

　反面調査は、納税義務者の調査に引き続いて行われる税務調査の根幹です。反面調査なくして税務調査無し、と言われるくらい重要な手続きです。我が国の税制は申告納税制度を基幹としていることから、納税申告書は法律の規定に

基づいて正しく計算されているとの前提で課税関係が構築されています。しかし、現実には申告誤りや意図的な課税逃れがあります。適正な申告である前提で納税申告書を受け付けたとしても、必ずしも税法に則った申告とは限らないこともあります。そこで、申告内容の是非を税務調査によって確認及び是正します。税務署長の命を受けた調査官が、納税申告書の基となった帳簿等と取引事実の原資料を突き合わせて、課税価格の適否を判断します。しかし、取引事実を証する証拠資料が納税者の手元にあるものが全て正確であるとは限りません。そこで、その資料の出所先、つまり取引先に臨場してその取引内容を確認する必要があります。これが反面調査です。

　反面調査の相手方は直接に納税の義務を負うものではありません。法による資料提出の義務もありません。反面調査は、納税者に対する調査だけではどうしても税額の内容が把握できないことが明らかになった場合にかぎり、かつ、その限度においてのみ可能と解されるべきです。

【参考判決：1997 年（平成 9 年）10 月 31 日　最高裁】
　所得税法 234 条 1 項 3 号（旧 234 条。現行は国税通則法第 74 条の 2。筆者注）の調査（いわゆる反面調査）においては、調査の相手方は直接に納税の義務を負うものではないし、法による資料提出を義務づけられた者でもないのであるから、その行使の範囲は、同条 1 項 1 号の調査の場合よりもさらに厳格に解すべきであり、反面調査は、同条 1 項 1 号の納税者の調査の過程において、その調査だけではどうしても税額の内容が把握できないことが明らかになった場合にかぎり、かつ、その限度においてのみ可能と解されるべきである。

　また、調査にあたっては、調査の相手方に調査理由を開示する義務が内在しているといわなければならない。それは、調査の必要性の要件の実効性を確保するためにも、また、質問検査権の行使が任意調査であって調査の相手方の承諾を得て行なう調査であることから、承諾を与えるためには、何を質問し、何を調査するのかが特定されなければ、承諾の与えようがないことからも当然である。

(TAINS Z229-8020)

3　相続税の反面調査

　相続税は人の死という一瞬の自然現象後に取得した財産に対して課税が行われる極めて特殊な税目です。所得税や法人税のように取引相手がいません。

　相続税の反面調査とは、相続財産の有様を確認すること及び申告書には記載がないが相続財産として申告すべき財産の有無及び所在を確認及び是正するための調査です。そのため納税者に対して債権や債務のある者や申告すべき財産を保管している者など幅広い相手が対象となります。

　相続税調査の主な反面調査先は、概ね次の者又は法人です。

・相続税又は贈与税の納税義務がある者
・相続税又は贈与税の納税義務があると認められる者（以下、相続税又は贈与税の納税義務がある者を含めて「納税義務者等」といいます）
・相続税法第 59 条に規定する生命保険金等の調書を提出した者
・相続税法第59条に規定する生命保険金等の調書を提出する義務があると認められる者
・納税義務者等に対し、債権若しくは債務を有していたと認められる者
・納税義務者等に対し、債権若しくは債務を有すると認められる者
・納税義務者等が株主若しくは出資者であったと認められる法人
・納税義務者等が株主若しくは出資者であると認められる法人
・納税義務者等に対し、財産を譲渡したと認められる者
・納税義務者等に対し、財産を譲渡する義務があると認められる者
・納税義務者等から、財産を譲り受けたと認められる者
・納税義務者等から、財産を譲り受ける権利があると認められる者
・納税義務者等の財産を保管したと認められる者
・納税義務者等の財産を保管すると認められる者

ここで注意すべき点が 3 つあります。

①　反面調査先は、納税義務者等を除いて国税通則法第 74 条の 3 （当該職員の相続税等に関する調査等に係る質問検査権）に同様です。要は質問検査

権の対象となる者のことをいいます。

②　反面調査先が広範囲であり、財産を保管したと「認められる者」のように、蓋然性がある先であっても調査の対象となること。

③　納税義務者とは、被相続人ではなく、相続又は遺贈により財産を取得した者であること。

4　マイナンバーの活用

国税調査においてマイナンバー（個人番号及び法人番号（行政手続における特定の個人を識別するための番号の利用等に関する法律第2条））の活用が着々と進められています。2019年（令和元年）度税制改正において、証券会社や証券保管振替機構（略称「ほふり」）に対して、証券口座情報を番号（マイナンバー）で検索できるように義務付けられました（国税通則法第74条の13の3、13の4）。ほふりが入手したマイナンバーは、証券会社又は上場会社の要請に応じて提供され、支払調書に記載されて税務署に提出されます。取引と個人の特定が進むことにより、調査の速度と深度が増すこととなるでしょう。

関係会社への反面調査

1　関係会社

被相続人の生前の職業が非上場会社の役員であった場合、その会社（以下「関係会社」又は単に「会社」といいます）は調査対象となります。とりわけ創業者又はオーナーであった場合、重要な反面調査先です。なぜなら、被相続人の財産資源は関係会社に依るところが大きいからです。そのため、優先的に調査対象として選定されます。現実的に、関係会社調査によって申告漏れとなる種々の財産が把握されています。債権、名義株、他人名義財産等です。

2　関係会社への臨場調査

(1)　臨場調査

　相続税の調査は、通常、臨宅調査の翌日に関係会社へ臨場調査します。一般的には事前に翌日に関係会社へ臨場する旨、相続人又は税理士に伝えてあります。銀行調査に優先して会社の反面調査をすることが多いようです。臨宅調査の翌日又は臨宅調査から日を置かず会社へ臨場調査するには理由があります。被相続人の生前の行動は会社が中心であり、資金の運用の基盤となっているからです。会社の個人勘定の動き、名義株の有無等、調査する事項は多くあります。

　関係会社調査においても、臨宅調査と同様現物確認調査から始まります。会社金庫、銀行の貸金庫、被相続人及び相続人の使用している机、ロッカー、会社創業時からの取締役会議事録等々。

(2)　帳簿調査

　会社の帳簿のうち特に個人勘定を確認します。「貸付」「借入」「仮払い」「仮受け」などは、とりわけ念入りに調べます。会社の資金は自分の財布と同様であるという感覚の経営者がおります。会社からの入出金は銀行の普通預金通帳の入出金と変わりはなく、会社の入出金と銀行の口座が連動することも多くあります。会社の帳簿を早期に調べることにより銀行調査の手間が相当に省けることになります。問題は、会社から引き出した高額な資金が金融機関口座と連動していない場合です。また、会社からの借入れの使途又は化体財産の解明は必須です。高額な資金は、表に出せない運用資産への化体が疑われます。資金の引出し状況を念入りに調査し、様々な化体財産を想定しながら調査を進めます。なかには、毎月決まった日に定額の出金があり調べたところ、特殊関係人への「お手当て」というわかりやすい事例もありました。

　会社へ返済する資金源についても調査の対象となります。会社の高額な貸付金が突然一括返済され、その原資が公表されている金融機関の口座に見当たらない場合、被相続人名義以外の名義が別にあると想定されます。

3 名義株調査

　関係会社に対する反面調査のうちでも名義株調査は大変重要です。
SECTION 11 で解説します。

SECTION 8

金融機関調査

1 金融資産

(1) 金融資産の割合

　国内の個人が所有する金融資産の額は約 2,141 兆円です（日銀資金循環統計 2023 年 12 月分）。その内現金・預金が約 1,127 兆円で約 52.6 ％を占めています。日本人の資産に対する手堅さがよくわかります。ちなみに債務証券・投資信託・株式等の合計額は 410 兆円となっており、現金・預金及び証券の合計 1,537 兆円は金融資産の約 71.8 ％を占めています。

　相続財産の主たるものは土地建物等いわゆる不動産です。近年は相続財産に占める割合が概ね 40 ％程度ですが 1992 年（平成 4 年）は土地建物等の割合が 80 ％を超えていました。その頃でも相続税調査のメインターゲットは金融資産でした。金融資産が相続財産に占める割合が低くても総額が大きいため、相続財産から除外する事例が後を絶ちませんでした。現在でも変わりはありません。

(2) 調査対象としての金融資産

　相続財産は土地等の評価誤りも多くありますが、これは実地調査で是正するほどのものではなく、通常は事後処理という机上処理で済まされます。相続税の実地調査により申告漏れと把握されるのは現金、預貯金等及び有価証券で約 50 ％です。つまり相続税の調査は、金融資産調査が全てです。被相続人、相続人等及び家族親族の取引金融機関に臨場し、取引内容を念入りに調査します。相続税は、所得税や法人税の反面調査先である取引先はありません。関係会社の調査を除けば、銀行、信用金庫、証券会社等々金融機関の調査がほとんどです。国税職員の調査能力は非常に高いですが、相続税調査を担当する調査官は必然的に金融機関等に対する調査経験及び金融関連知識が豊富となります。

151

2　金融機関調査の実際

(1)　銀行調査の初動

　本書では、金融機関でも最も臨場機会の多い銀行調査で解説します。銀行でも税務調査の対象となるのは銀行の支店ですが、解説の都合上全て「銀行」と表現します。

　臨宅調査は大概の場合、一日で終わります。同族会社の経営者等の場合は会社への反面調査を優先しますが、続いて銀行調査に入ります。もちろん被相続人のメインバンクから着手します。特にメインバンクは、金銭の動きが活発であることが多いため、調査官の気合が入ります。銀行調査に臨場するのは調査担当者ですが、メインバンク又は取引内容が多岐にわたる銀行の場合、応援の調査官が同行します。

　調査官は銀行が9時に開店すると同時に店内に入り、支店長に面会を求めます。その後、実務担当者である預金課長クラスが対応します。預金課長クラスは預金の実務、伝票、各種簿書類に精通しており、調査がスムーズに進みます。

　筆者の経験ですが、銀行の開店時間である9時前には、正面入り口シャッターの前に待機して、シャッターが開くと同時に入店、支店長に面会し調査に協力を求めます。その後預金課長に紹介していただいて具体的調査に入ります。20歳台の時でも調査シーズンは毎日のように、銀行証券会社調査をやっていました。

(2)　営業担当者

　銀行調査を9時に開始するのは、営業担当者が出かける前に捕まえることにあります。被相続人の財産の周辺に営業担当者がいる場合はもちろん、不明な場合でも被相続人の自宅近辺を担当する営業担当者の出張を足止めする必要があります。最優先で営業担当者に対して取引の状況を調査する必要があるからです。特に訪問日誌は重要な反面資料です。例えば、被相続人の他の金融機関の口座からの出金がありその使途が不明なことがありますが、同日又は翌日辺りに営業担当者が被相続人宅に訪問している場合、その日のその銀行の入金を

丹念に調べます。被相続人名義以外の名義で入金していることも多くあります。

　かつては営業担当者の被相続人又はその家族の金融資産に対する関与状況の深浅を究明するのが最優先でした。深く関与している担当者は、とにかく被相続人の隠れた財産を守ろうとすることで必死でした。そのため銀行調査のなかでも営業担当者との対峙は火花が飛び散らんばかりの掛け合いをすることが多くありました。筆者の経験でも、営業担当者が、支店の営業に関しては公明正大で隠し事は一切無いし、架空名義預金などは一切ありませんと述べていましたが、その担当者の机やロッカーの中を本人の許可を得て確認したところ、架空名義の定期預金証書やそれに使用する架空名義の三文判を多数保管していた事例があります。また、被相続人との取引内容を聞き取った後、営業担当者が出張のため支店を出ようとするところを、声をかけて出張鞄の中を見せてもらったところ、定期預金通帳をいくつか持っていたので、住宅地図と電話帳を持って来させて確認したところ、ほとんど架空名義でした。調査が終わったと思い安心して、支店の外に持ち出そうとしたものです。異様な顧客保護の組織と課税逃れを暴こうとする組織との丁々発止の日々でした。今でも基本的に変わらないでしょう。

(3)「金融機関の預貯金等の調査証」

　銀行調査は調査対象者を特定します。やみくもに銀行調査をするわけではなく、調査する必要についての合理的理由が必要です。そのため、銀行調査に着手するときは銀行協会との合意した様式による「金融機関の預貯金等の調査証」(以下「銀行調査証」といいます)を銀行に提示することとなっています。銀行調査証には調査担当者の所属及び氏名が記載され、所轄税務署長の押印がされています。銀行内にある財産又は取引内容の調査であることから、銀行調査証は税務署長の許可が必要です。銀行調査証は発行されるときから、調査が終了し税務署長に返却されるまで厳格に管理されます。この銀行調査証なくて銀行調査はできません。

　相続税の調査では、銀行調査証には被相続人の住所氏名及び調査対象者の住所氏名が記載されています。調査対象者とは相続人に限らず、相続人の配偶者、

孫等親族の氏名及び関係法人名が記載されています。その他架空名義や親族知人の名義を借りた預金が想定されますので「預貯金者の名義が異なっているが、右の者と同一であると認められる者を含む。」とあり、実質的に被相続人の財産に帰属すると思われる預金口座も調査の対象となります。

(4) 具体的調査手順

銀行の応対担当者が決まれば、銀行の内部の一部屋を借用して調査が開始されます。被相続人及び相続人等の預金等については、事前に文書照会を行っており、既に取引内容を把握しています。また、臨宅調査の際に普通預金通帳、定期預金通帳、解約計算書等調査に必要な情報は入手済みです。普通預金通帳に入出金の理由等のメモ書きがあることがあります。この場合は入出金理由の解明が大変楽になります。

(5) 伝票等原資料の調査

相続税は、銀行等の金融機関に対する臨場調査を中心に展開されます。臨場する理由は一つ、金の行き先、及びその事実の証拠資料を収集するためです。例えば被相続人の甲銀行の普通預金口座から500万円の出金があり、同日に相続人の同じ銀行の普通預金口座に500万円の入金があることが事前に預金取引照会で分かっていたとします。一般的には同じ金の移動だと推測されます。贈与なのか貸付金なのかはわかりませんが、強い確度で相続税の課税に関係がありそうです。しかし、預金通帳だけの動きで贈与があったとして贈与税を課税することはできません。そこで、銀行に臨場して、普通預金の払戻請求書（出金伝票）及び入金申込書（入金伝票）を調べることになります。

近年はATM全盛時代ですから、伝票で入出金する回数は格段に減少していますが、高額資金の出し入れは窓口で伝票によります。銀行の入出金伝票には情報がぎっしり詰まっています。「入出金の日付」「時間」「担当者氏名」等です。またテラー（担当者）が窓口で使用する機械（仮にテラー・マシンといいます）の通過番号は重要な判断材料となります。被相続人Aの普通預金口座から500万円を現金で引き出して、同日に相続人Bの口座に500万円の入金があったとします。この入出金が同一時に処理され、同じ金が移動していることを立証す

るためには、次の事実を証明すればいいのです。

① 窓口担当者が同一人物である

② 出金時刻と入金時刻が同一時間であるか、1分くらいの時間差である

③ テラー・マシンの通過番号が連動している

④ 出金伝票と入金伝票の筆跡が同じである

⑤ 預金を出し入れしている人物を、映像で確認できればなお良い

　入出金伝票を丹念に括れば、その日その時のAの行動が手に取るようにわかります。Aの普通預金から500万円、定期預金から1,000万円を解約して、合計1,500万円を現金出金し、同日に現金でBを含む5名の子や孫らの300万円の定期預金の設定があった場合でも全く同じように伝票を丹念にめくります。「普通預金の出金伝票」「定期預金の解約伝票」「定期預金の利息計算書」「定期預金の入金伝票」等多くの入出金伝票が作成されます。来客数の多い銀行の場合、1日の伝票は膨大な枚数ですが、それらを一枚一枚めくって、Aの普通預金の出金伝票を基本として、担当者が同一である、操作時間が連続している、テラーマシンの通過番号が連続している等関連性のありそうな諸伝票を全て抜き出して取捨選択します。最終的に出金した金員と入金した金員が同一のものであることを証拠立てます。

(6) 普通預金口座

　大半の相続税事案では、銀行取引は普通預金を経由します。そのため普通預金の動きを確認することが最優先です。

① 被相続人名義の普通預金は、高額な出金を最優先で解明します。(5)の通り、出金があった日の入金伝票を念入りに調べて、他の口座への入金の有無を確認します。準備調査又は臨宅調査等で、相続人の普通預金口座から高額な出金があり、相続人又は孫等親族の口座に同額の入金があることは事前に把握していますので、伝票を確認して、贈与税の課税又は名義預金としての相続税の課税のための証拠資料を収集します。

② 被相続人名義の普通預金への端数入金は解明の対象です。端数入金は、その元となる資金の運用による利息配当等であることが多くあります。

155

元となる資金とは、例えば被相続人名義以外の名義での預金取引、証券取引、金現物の売買取引等相続税の申告書に反映されていない財産などがあります。普通預金への数千円の端数入金を丹念に追いかけて、数億円の割引金融債や架空名義貸付信託等を把握した事例もあります。

③　相続人及び親族名義の預金口座への入金の確認をします。被相続人名義の預金から相続人等の普通預金への振替又は振込入金がよくあります。

④　普通預金口座を検討するポイントは次の通りです。銀行調査に関して調査官に驚くような隠れた能力があるわけではありません。預金通帳の入出金を丹念に「見て」、その動きを「疑問」に思って、その理由を「解明」することを繰り返します。税理士が相続税の申告書を作成するにあたって被相続人の普通預金通帳を確認する必要があるのは、申告漏れとなりそうな財産情報をキャッチできるからです。

区分	入出金	チェック項目
被相続人	入金	・端数 　端数の入金は利息、配当金等元本の果実であることが多い。現金入金であっても端数入金には必ず理由がある。元本を確認する必要がある。振替入金は原資の確認が容易であるが、端数の現金入金は念入りに解明する。 ・現金 　高額な現金の入金は、出所があり、現金で移動する理由があるはず。出所先にまだ高額資金が残っている可能性がある。
	出金	・高額現金 　高額な現金の持出しは、足跡を残さないためと考えられる。相続財産として申告すべき財産である可能性が高い。 ・振替 　振替は辿ることが容易であるため、すべて解明の対象となる。
相続人	入金	・現金 　高額な現金入金は、その資金源と理由を解明する。相続人であることから、解明は比較的容易である。被相続人の資金が源となっていることが多い。
	出金	・高額現金 　実質被相続人の名義預金と推認されるほど不自然な動きをしている場合、解明の対象となる。 　相続人の固有の預金であることが確認され、出金した理由が解明できれば終わる。

(7) 定期預金口座

　定期預金は、預入期間が1か月から3年程度と定まっており、満期が来る都度、元利合計又は元本だけの自動継続を選択できます。金利は非常に低いですが元本が保証されていることから我が国では財産の確実な運用先として安定した人気があります。定期預金の設定は概ね普通預金からの振替が多いことから特に問題となることはありません。解約の場合、普通預金口座に入金があればこれも問題となることはありません。現金で出金した場合に、その使途若しくは化体財産を調べます。これらが申告から除外されていることがあります。

(8) 高額な現金出金

　高額な出金は、現金、振込み又は振替によるものか確認します。例えば普通預金通帳から1,000万円の出金があったとします。通帳だけでは出金状況が分

からない場合、当日の出金伝票を確認します。普通預金通帳や出金伝票に「現金出金」を表す出納印が押してあった場合でも、実際に現金で支払われた事実を確認するまで現金出金であることを信用しません。

　一般的に高額な現金出金の場合、銀行に事前に連絡をしています。急な支払い要請に応じられない銀行（支店）が多いからです。事前に連絡があればその旨行内に記録が残っています。この場合は現金出金であることに間違いありません。筆者の経験でも、ある信託銀行の支店で朝9時10分頃に貸付信託を2,000万円解約して現金で持ち帰った事例がありました。この支店の現金残高は平常日で3,000万円くらいでしたので9時15分に2,000万円を現金で払いだすことはあり得ません。確認したところ、前日に連絡があったので本店から別途2,000万円を手当てしたという説明でした。この説明だけでは不十分であることから、本支店間の現金の連絡書類を確認して納得したことがあります。また、現金出金の出納印があっても、現金入金伝票を確認すると家族や他人名義の預金に振り替えられている事例は数多あります。現金で出金したことにすれば、税務調査があっても見つからないであろうという浅い考えです。

(9) 貸金庫の開閉記録

　被相続人が貸金庫を利用していたことが判明している場合、その開設届出書及び開閉記録を確認します。開閉記録を調べても直接には財産に繋がることはないでしょう。しかし、預金取引と開閉記録が連動することがあります。特に、架空名義や借名預金の取引と被相続人の預金が、手続き時間帯が近時しているなど、連動が疑われるケースがあります。数年にわたって取引を調査すると、被相続人の預金と架空名義等の預金及び貸金庫の開閉が常に連動していることがあります。勿論この事実だけで架空名義等が相続財産であると断定することはできませんが、極めて強い証左となります。

SECTION 9

質問応答記録書

1 質問応答記録書とは

(1) 質問応答記録書

　税務調査とは、課税要件の具体的事実を証拠資料に基づいて確定させ、税法に関する適合性を判断し、課税価格及び納税額を確定させる一連の事務をいいます。質問応答記録書は、調査の経過又は結果に基づいて、課税事実を証する一環として納税者の陳述を確認するため調査官が作成する書類です。

(2) 質問応答記録書の重要性

　調査進行中若しくは調査終了時に、質問応答記録書を作成したい旨の申し出があります。調査に基づいて把握した事実を確認するため、納税者に対して調査官が一つ一つ質問し、納税者がその質問に回答する（以下「質問応答」といいます）という対話形式で作成されます。質問内容は調査税目により異なりますが、基本的に事実認定、課税要件の判断、納税者の意図等です。訂正すべきところは訂正し、納税者に読み聞かせた上で納税者が署名し押印した文書であることから、質問応答記録書に書かれた事項は極めて高い証拠資料となります。質問応答記録書は行政庁の職員が作成したものであり、行政文書として保管されます。

　質問応答記録書は、2012年（平成24年）の国税通則法の改正を機に呼称が変更されたものです。以前は「聴取書」という呼称でしたが、基本的な作成方法に変更はないようです。聴取書による他、課税事実の確定の一環として、納税者から「念書」「申述書」等の申し述べ書類等を求めることがありました。納税者が提出するこれら申述書等は、事実確認書類ではなく、また納税者の単なる意見表明文書とみられることもあり、証拠資料としては極めて脆弱なものでした。

159

(3) 質問応答記録書が作成される場合

　調査により申告漏れ財産が把握された場合、必ずしも質問応答記録書が作成されるわけではありません。調査で収集した証拠資料により課税要件を充足するときは、それらの資料に基づいて更正又は決定等の課税処分が行われます。

　相続税調査における質問応答記録書の目的は、重加算税の賦課要件の確定又は補強にあります。納税者が、相続財産を除外した行為が意図的であることを認定する必要がある場合に作成されます。例えば、調査により多額の家族名義預金が把握された場合、単なる申告漏れか、それとも被相続人の財産であることを十分に認識して相続財産から除外したのかは預貯金通帳又は反面調査による証拠資料からだけでは判断できません。相続財産であることを認識し、「家族名義であることを奇貨として相続財産から除外した」のであれば、仮装行為として重加算税の対象となります。そのため、質問応答記録書を作成する調査官の目的はただ一点、重加算税の賦課です。当然、目的に向かってリードする質問となります。

2　質問応答記録書の作成の概要

　質問応答記録書は次の手順で作成されます。

①　納税者の住所、氏名、年齢及び職業の確認

　　調査官の質問に応答している者が、間違いなく本人（納税義務者）であることの人定質問です。

②　質問及び応答

③　質問者及び記録者の表記

　　質問応答が終了した後、最後に質問者及び記録者である調査官の所属、官職及び氏名が記入、押印されます。

④　納税者の署名及び押印

　　質問応答が終了した後、納税者にその内容を読み聞かせ、応答内容に誤りがないことを確認の上、署名押印が求められます。

160

3 質問応答記録書への対応

(1) 質問応答の応諾

　質問応答記録書は、調査官が調査の経過において任意に作成する文書です。納税者が応諾すべき法定文書ではありません。質問応答記録書の作成の諾否は納税者の判断です。課税要件の充足の確認のために作成される文書であることは、調査による証拠資料が不足している部分を補う目的があることを意味します。また、質問応答記録書は課税処分にだけ活用されるのではなく、裁判等の証拠資料となることをしっかり認識します。

(2) 応答内容の確認と訂正

　質問応答の過程で、明らかに事実と異なる記述、又は応答の本旨と異なる記述がされていることが判明した場合、その場で訂正を求めます。

　質問応答記録書の作成終了後、調査官は質問応答の内容を納税者に読み聞かせます。この時、納税者は自分の応答内容をしっかり確認し、事実誤認、応答内容の誤り、言い間違え等将来不利益となるような回答は確実に訂正を求めます。公文書となる書類であるので、質問応答記録書が作成された後は訂正ができません。相続税調査の場合、質問応答記録書の主たる目的は重加算税の賦課であり、相続財産を申告から漏らしたことが意図的であったことを応答者に申し述べさせることにあります。質問は、仮装又は隠ぺい事実の補強を目的としていることから、そのような事実がない場合、応答には十分注意します。

(3) 署名押印

　質問応答記録書の内容を納税者が確認したうえで了承した場合、納税者の署名及び押印が求められます。応答した内容に特に問題がなければ応じます。署名押印は納税者の判断です。ただし、何度も言いますが、質問応答記録書は重加算税を賦課するための補強証拠として作成されるものであることを忘れてはなりません。

　納税者が署名押印しない質問応答記録書は、応答記録が無効になるわけではありません。納税者が質問応答に応じて作成されたが、署名押印を拒否したこ

とから、拒否した事実、及び拒否の理由を質問応答記録書に記述したうえで調査書類として完成されます。署名押印のない質問応答記録書であっても、税務署に戻った調査官は「調査報告書」を作成し担当統括官（場合によっては署長、副署長）に報告し、決裁を受けて公文書とします。署名押印のない質問応答記録書の法的効果はわかりませんが、調査官の質問に対して応答した事実は残ります。署名押印するつもりがなければ、最初から質問応答記録に応答しないことが選択肢の一つです。また、質問応答記録を読み上げることになっているので、事実と異なる部分があり署名押印をためらうのであれば、その部分を訂正または削除を求めます。調査官の一方的なスピードで調査が進み、質問応答に至ります。調査官の事実誤認をそのまま文書に残すことは、納税者の不利益となります。

(4) 税理士の立会い

質問応答記録の応答者は調査を受けている納税者です。税務代理権限証書を提出している税理士の立会いは構わないこととなっています。質問応答記録書とはいえ、調査に不慣れな納税者は緊張感・不快感で、応答がしどろもどろになることがあるでしょう。調査による証拠資料が不十分である場合など、事実と異なった応答を誘導されるかもしれません。立ち会っている者の責務として、納税者が不適切な回答をしている場合コントロールする必要があります。

質問応答記録書には立会いをした者の署名押印は求められません。

(5) 質問応答記録書の写しの請求

質問応答記録書の作成が終了後、納税者に応答内容を読み聞かせて署名押印して終わります。調査による証拠資料の一つとして調査官が作成した行政文書であることから写しは交付されません。そのため、応答内容について確実に確認します。本来、納税者の応答の記録であることから何らかの形で応答した者が内容を了知できるように手当てするべきだと考えます。質問応答記録書は、裁判を前提とした犯罪捜査の証拠記録と異なり、課税事務の一環として記録されるものだからです。なお、後日納税者自身が個人情報保護法に基づいて、質問応答記録書の開示請求をすることができます。

※　質問応答記録書の手続きについては、「課税総括課情報」（TAINS（平成 25 年 6 月 26 日及び平成 29 年 6 月 30 日　課税総括課情報））を参考にしました。

4　調査の事例

(1)　概要

　相続開始 4 年前に被相続人の普通預金口座から 900 万円を出金し、相続人 3 人の名義で各 300 万円の定期預金が設定されていた。相続人らは定期預金が設定されたことを知っており、贈与を受けたものとして、相続税の申告を依頼した税理士に対して説明をしていなかった。なお、贈与税の申告はしていなかった。

(2)　調査官の主張

　調査官は、次の理由から質問応答記録を作成したい旨申し出があった。定期預金 3 口合計 900 万円は、被相続人が自分の口座から出金し、作成したものである。預金証書や届出印鑑は相続開始日当日被相続人の自宅にあり、各相続人に交付していなかった。名義預金として相続財産に加算すべきものである。事実関係を確認するため質問応答記録書を作成するので応答してもらいたい。

(3)　対応

　質問応答記録書への対応は次の理由から丁寧に断った。

①　相続人は、これらの預金は贈与を受けたものであるという主張である。被相続人の財産であることの認識は全くなく、相続財産に加算することが思いもよらなかったこと。

②　家族名義預金は、相続人は十分納得してはいないが実質的に相続財産であるという理屈は認めることから修正申告には応じるが、あくまでも単なる申告漏れであること。

③　質問応答記録書の作成は、事実関係を確認するためだけではないこと。

④　本来の目的は、家族名義預金を相続財産から漏らした行為は仮装又は隠蔽行為であることを認定し、重加算税の賦課をするためであること。

⑤　相続人の応答が誤解され、重加算税の対象にもなりかねないこと。

SECTION 10

名義預貯金等の調査

名義預貯金等の調査

1 名義預貯金等の調査の概要

　近年の相続税調査のメインターゲットは名義財産であるということはすでに述べました。課税庁が預貯金等の取引内容を金融機関に照会をするにあたって、被相続人や相続人のみならず親族関係者（通常は相続人の配偶者及び孫まで）を含めています。その回答を事前に分析し、調査着手の段階で、家族名義の預貯金等（以下「名義預貯金等」といいます）が実質的に被相続人に帰属する預貯金、いわゆる名義預貯金等であると強い確信を持って臨んでいます。事前の準備に怠りはないです。

　なお、ここでは名義預貯金等の調査に比重を置いて解説しますが上場株式等証券の名義取引についてもほぼ同様の調査展開です。

　調査の流れは概ね次の通りです。

調査対象の選定
・高額な名義預貯金等の申告漏れが想定される事案を抽出する

準備調査
・税務署内外の資料を収集する

臨宅調査

反面調査
・銀行・証券会社等

反面調査
・預貯金等の名義人

調査結果の説明
・相続人に対し、申告漏れと考えられる財産の説明をする。この段階で名義預貯金等の指摘をする

相続人の検討と諾否
・相続人は、説明内容について事実関係を確認する
・指摘された預貯金等は被相続人以外の名義であるため、入念に検討する

2 調査対象の選定

(1) 取引状況の照会

　名義預貯金等の調査は、調査対象の選定から始まります。相続税申告書に記載された金融機関に対し文書により、照会日現在までの取引状況を照会します。照会文書は次の事項が主なものです。

① 照会対象期間

　　事案の軽重によりますが、相続開始日を遡って概ね5年くらいでしょう。国税局（資料調査課等）が担当する重要事案や金融資産が多額な事案等は10年くらい遡ります。昭和の時代は照会回答を早急に手に入れる都合と回答が手作業で行われていたこともあり3年くらいでしたが、近年は5年から10年が普通になっています。

　　一般的に、相続開始2、3年前から相続税対策をする例が多く、3年程度の照会期間であっても調査効率に非常に寄与していました。近年は被相続人の年齢も上がり、相続税対策の期間も十分に余裕があるようです。

② 照会対象者

　　納税義務者である相続人は当然として相続人の配偶者及び相続人の子らの名義も含めた関係者です。

③ 取引内容

　　照会対象取引は普通預金や定期預金が主なものですが、それだけに限りません。照会対象金融機関で取引している金融資産等一切の取引です。近年、金融機関は様々な商品の仲介業務を増やしています。保険取引、証券取引又は金取引等です。その金融機関からの借入金や貸金庫取引も含みます。

(2) 照会対象金融機関の確認

　金融機関に対する照会文書は、被相続人及び相続人の取引がある場合又は取引があることが推測できる場合です。相続税申告書に記載された被相続人の取引金融機関以外の金融機関は、税務署内にある様々な情報（相続税又は所得税の納付銀行、所得税又は法人税調査資料、財産債務明細書、財産債務調書、

KSK 情報等）から把握することができます。

(3) 準備調査

収集した情報を基に、預貯金の移動をチェックします。とりわけ被相続人の口座からの高額な出金と親族の口座への高額入金は綿密にチェックします。被相続人口座からの出金額と相続人等の口座への入金額が一致、もしくは近似している場合、贈与又は名義預金が想定されます。

被相続人からの入金があったとしても、それが贈与であり、贈与税を申告済みであることがあります。過去の贈与税の申告の有無の確認をします。

(4) 臨宅調査

被相続人の自宅及び貸金庫内に保管している金融資産の現物確認をします。遺産分割が終わっている場合、金融資産は相続人に分配されていますが、古い普通預金通帳や定期預金証書等が保存されていることが多いです。被相続人の自宅等で家族名義預貯金通帳や印鑑を把握した場合、特に被相続人と同居していない、もしくは遠方に居住している家族の預貯金通帳等があれば、非常に高い確度で名義預貯金が疑われます。

自宅内もしくは貸金庫に被相続人が使用していた預貯金通帳、特に普通預金通帳があれば綿密にチェックします。預貯金通帳には出金目的がメモされていることも多くあり、その後の調査の展開に非常に役に立ちます。

調査に立ち会っている相続人等の現在及び過去の職業及び収入状況、被相続人の金融資産への相続人等の関与状況を聞き取ります。また、相続人及び家族名義での金融資産の所有状況や運用状況を聞き取り、調査の参考にします。

(5) 反面調査（銀行・証券会社等）

臨宅調査終了後時間を置かず金融機関への反面調査を開始します。預貯金、証券取引の実態解明をします。預貯金の動きは概ね判明していますので、被相続人の出金と相続人等の入金が同一時に同一人によって行われた事実を、入出金伝票を基に念入りにチェックします。同一時刻に他の預貯金の動きがないかもチェック項目の一つです。

名義預金を認定するための証拠資料の収集は、銀行調査でほとんど終わります。

(6) 反面調査（金融資産の名義人）

　家族名義預貯金等が名義財産であると推認される場合、金融機関等の調査で証拠資料を収集しますが、最終的にはその名義人に対して、資金源や預貯金の設定経過について確認します。その預貯金を誰が事実上所有し管理運用していたか否かが判断の最終ポイントとなるからです。

　名義預貯金等と判断された場合、質問応答記録書が作成されます。被相続人に帰属する財産であることを知って、相続財産として申告しなかった場合、重加算税の対象となります。この判断は非常に微妙です。裁判・裁決事例が多いことからも窺われます。

名義預貯金（贈与事実）の判定

1 名義預貯金の判定

　ある預金がその名義となっている者に帰属するか否かの判断は大変困難です。小学生が数百万円の定期預金を所有しており、贈与の形跡もないなど明らかに名義預貯金であろうと推認できる場合を除き、その帰属の判定には多大な労力を要します。

　次の紹介する判例は、財産の帰属者の判定についての要件を的確に判示しています。次項で、その詳細について解説します。

【参考判決：2008 年（平成 20 年）10 月 17 日　東京地裁（平 21・4・16 東京高裁控訴棄却）】

　被相続人以外の者の名義である財産が相続開始時において被相続人に帰属するものであったか否かは、

- ・当該財産又はその購入原資の出捐者、
- ・当該財産の管理及び運用の状況、
- ・当該財産から生ずる利益の帰属者、
- ・被相続人と当該財産の名義人並びに当該財産の管理及び運用をする者との関係、
- ・当該財産の名義人がその名義を有することになった経緯

等を総合考慮して判断するのが相当である。

　　　　　　　　　　　　　　　　⋮

　財産の帰属の判定において、一般的には、当該財産の名義がだれであるかは重要な一要素となり得るものではある。しかしながら、我が国においては、夫が自己の財産を、自己の扶養する妻名義の預金等の形態で保有するのも珍しいことではないというのが公知の事実であるから、本件丁名義預金等の帰属の判定において、それが丁名義であることの一事をもって丁の所有であると断ずることはできず、諸般の事情を総合的に考慮してこれを決する必要があるというべきである。

（TAINS258-11053）

169

2 名義預貯金等の判定の要素

　名義預貯金等の帰属の判定基準については、多くの調査事例又は裁決・裁判事例からおおよそ次の要素に分かれます。課税庁は細かな事実を積み上げて、名義預貯金等を判定していることがわかります。名義預貯金等の判定は、必然的に贈与事実の判定にもつながります。

(1) 預貯金通帳・証書の保管者と保管状況

- ・預貯金通帳等証書類の保管者は重要なポイントです。預金通帳や証書はその権利（債権）を証する書類です。第一義的には証書を所持している者がその権利の所有者とみなされます。

- ・被相続人が預貯金通帳等を保管し、その名義人がその預貯金の存在を相続開始まで知らなかった場合、または、知っていたとしても名義人の支配下にない場合、その預貯金の真の所有者が不明朗であり、実質的に保管者が所有者であると推認されます。

(2) 印鑑の保管者と保管状況

- ・預貯金通帳等で使用される印鑑の保管者は重要なポイントです。口座開設等預貯金取引を開始する場合、本人確認の一環として印鑑（印影）を金融機関に届け出ます。原則としてこの印鑑と通帳がワンセットで預金の取引が完了します。原則的に印鑑がなければ金融資産は解約できず、必然的に印鑑を所持している者が真の所有者であるという推測ができます。

- ・一般的には預金通帳等証書類と印鑑を別の者が所持していることはありません。その重要な印鑑を証書類と共に保管するものが正当な所有者であると推認されます。

　近年は都市銀行等で、印鑑届けを不要とするいわゆる印鑑レス口座が浸透しています。簡単に名義口座を開設できそうですが、本人確認が厳しくなっていることから、勝手に子や孫名義の口座を開設できないでしょう。

【参考裁決：2014年（平成26年）8月19日】

（贈与は預金証書と届出印を交付しないと管理・支配が移転したとは言えない）

　　本件Ａ名義預金は、被相続人に帰属する相続財産であると認めるのが相当である。なお、請求人の主張については、そもそも、届出印を併せて交付することなく預金証書のみを交付しただけでは、当該証書に係る貯金に係る管理・支配が完全に移転したとはいい難いから、仮に亡妻が請求人に本件Ａ名義預金の証書の管理を委託し、これを交付したとしても、このことのみをもって亡妻がＡに対する贈与の意思表示をしたということはできず、また、本件Ａ名義預金の証書の再発行手続等が追認の意思表示であるともいい難いことから、理由がない。

(3) 書換え等管理運用者

- 預貯金のみならず財産は所有者が自己管理するのが大原則です。金融資産の取引は、当然その名義人が自己の責任で行います。預貯金や証券取引等の設定、解約及び継続手続きの行為者は真の所有者についての判断に影響します。とりわけ別所帯の子や孫名義の預貯金の手続を被相続人が行っている場合、名義財産として指摘を受ける可能性が高くなります。

- 財産の実質的所有者又は帰属者が問題となるのであって、単に管理又は運用しているだけでは、その財産の所有者とはなり得ません。要はその財産の支配者であることです。

- 名義人自身が管理・運用していない場合、その理由と管理の実態を確認する必要があります。

【参考裁決：2011年（平成23年）11月22日】

（預貯金等の帰属の判定は、管理、運用及び支配がポイントである）

　　預貯金等の帰属を認定するに当たっては、その名義が重要な要素となるのはもちろんであるが、他人名義で口座開設することも、特に親族間においては通常みられることからすれば、その原資の負担者、口座開設の意思決定者、手続行為者、その管理運用による利得の享受者という点もまた帰属の認定の際の重要な要素であり、これらの諸要素等を総合考慮して判断すべきものと解されるところ、本件

の場合、本件各財産の原資の負担者は明らかではないものの、本件相続の開始時点において本件各財産に係る預金証書を管理していたのは本件被相続人であったと認めるのが相当であること、本件各財産に係る口座開設等の手続を実際に行った者は請求人であったものの、これを主体的に行わせていたのは本件被相続人であったと認めるのが相当であること及び本件各財産の作成・書換え等の手続を実際に行った者は請求人であったものの、その意思決定をしていたのは本件被相続人であったと認めるのが相当であることなどからすると、本件各財産は、本件被相続人によって管理、運用及び支配されていたものと認められるから、本件被相続人の財産であると認められる。

(4) 預貯金利息の受取り

- 低金利の時代では利息の受取はあまり問題とならないと思われますが、元本の帰属の調査においてはその果実を受け取る者（享受者）は必ず判断の対象となります。

(5) 預貯金等の原資

- 家族名義預貯金等の原資の解明は必要です。家族名義預貯金等であっても実質的な所有者が被相続人である場合、相続財産になることを説明することによって相続人等の納得を得られることがあります。
- 家族名義預貯金等の原資が被相続人の資金による場合、贈与の可能性が高いでしょう。贈与であることを大前提で検討します。遡ることができる限り贈与税の申告を確認します。

(6) 名義人の所得

- 名義人の所得の確認は必須です。
- 名義人に所得がない場合、もしくは金融資産に相応するだけの蓄積が考えられない場合、原資・設定状況を確認する必要があります。

(7) 贈与契約書の有無

- 贈与行為は契約行為です（民法549）。贈与事実とその履行の確認のため贈与契約書を取り交わすことがあります。贈与行為は、原則として履行することが大事であって、贈与契約書の作成は要件ではありません（民法550）。

契約書の存在が贈与契約の成立を立証するわけではありません。一片の契約書だけで莫大な財産が移転すると考えるのは単なる幻想です。

・実質が伴わない契約書は、労多くして一利なしです。実効実利の無い無駄なアドバイスは極力避けます。

(8) 名義人の認識

・名義人が、金融資産を所有している事実を認識しているかは大きなポイントです。

・贈与税の申告を行っている場合、贈与事実を認識しているか確認する必要があるケースも出てくるでしょう。財産の移転を伴わず、被相続人が単に贈与税の申告だけしている数多の事例があります。

・名義人が被相続人が贈与税の申告をしていることを知っているが、財産の引渡しを受けていないケースも多くあります。微妙な域に入りますが、財産の引渡しを受けない贈与ということは、贈与事実があったとは言えないでしょう。

【参考判決：2014年（平成26年）4月25日　東京地裁】
（非課税限度内で定期預金を設定したとしても証書を交付していなければ、贈与があったとみることはできない）

　本件申告預貯金等を贈与する旨の書面が作成されていないことをも勘案すれば、亡乙は、相続税対策として、毎年のように、贈与税の非課税限度額内で、原告ら親族の名義で預貯金の預入れを行っていたものの、証書は手元に保管して原告ら親族に交付することはせず、原告において具体的な資金需要が生じたり、亡乙自身において具体的な資金需要が生じた際に、必要に応じてこれを解約し、各名義人の各預貯金の金額とは直接関係のない金額を現実に贈与したり、あるいは自ら使用することを予定していたとみるべきである。したがって、亡乙においては、昭和55年頃当時又はその後の各預入の当時、将来の預入金額又はその後の預入れに係る各預入金額を、直ちに各名義人に贈与するという確定的な意思があったとまでは認められないというべきである。

(TAINS Z888-1854)

(9) 預貯金の設定の経緯

・名義人が多額の金融資産を自己の財産と主張している場合、それが自己に帰属した経緯について合理的な説明ができるかも肝心な点です。

・何となく、知らないうちに、いつのまにか、との説明は基本的に通りません。

(10) 贈与者の覚悟

・家族名義の金融資産が贈与であることを主張するためには、贈与者（被相続人）が、所有権を自己の支配から名義人に移転することが大前提です。

・贈与者が贈与財産を保管して、その財産に対する支配権を保持している場合、贈与事実をどのように立証するのかが問題です。

(11) 贈与税の申告

・贈与事実を確認したうえで、贈与税の申告と納税をしていることを再確認します。

・贈与事実が明らかであり、贈与税の申告が必要な場合は早急に申告と納税をします。贈与の日が相続開始前7年以内である場合、相続財産に加算します。

・贈与税の申告が済んでいる場合、贈与があったと判断せざるを得ないでしょう。しかし、贈与税の申告書を提出したことは贈与事実があったことの証明にはならないことに注意します。

・贈与税の申告を贈与者が行っている場合、名義預貯金判断の入口に入っているでしょう。まして、納税まで贈与者ということになれば何をか言わんやです。

【参考裁決：2007 年（平成 19 年）6 月 26 日】
（贈与税の申告は課税要件の充足を明らかにするわけではないとした事例）

　贈与税の申告は贈与税額を具体的に確定させる効力は有するものの、それをもって必ずしも申告の前提となる課税要件の充足（贈与事実の存否）までも明らかにするものではなく、贈与事実の存否の判断に当たって、贈与税の申告及び納税の事実は贈与事実を認定する上での一つの証拠とは認められるものの、贈与事実の存否は飽くまでも具体的な事実関係を総合勘案して判断すべきと解するのが

相当である。

3 名義財産の立証の困難性

　家族名義の預金があったとしても必ずしも被相続人に帰属するものとは限りません。いわゆるグレーゾーンにある財産ですが、名義人は自己の財産であると主張します。名義預貯金等の帰属については、課税する側が立証すべきものです。細かな事実を積み上げて相当な確度で帰属の判定をし、修正申告のしょうよう又は更正処分します。しかし数ある事案のうちには判断がつかないまま更正処分に至る事案もあるようで、課税庁の処分に対して立証不十分であると退けた事案も見受けられます。

【参考裁決：2022 年 2 月 15 日】
（現金及び家族名義預金の原資は、被相続人であると断定ができないことから、相続財産と認められないとした事例）
　　原処分庁は、相続税の申告書（本件申告書）に計上されていない現金（本件現金）、被相続人の配偶者（本件配偶者）名義及び次男名義の預貯金（本件預貯金）は、出捐者や被相続人及び本件配偶者の収入比率などからその帰属を判断すると、いずれも被相続人に帰属する財産である旨主張する。
　　しかしながら、①本件現金の出金元である本件申告書に計上された預貯金口座で管理運用されていた預貯金の原資が特定できないことや、本件配偶者も収入を得ていたと認められることなどからすると、本件現金には被相続人及び本件配偶者の収入が混在している可能性を否定できない中、審判所においても、被相続人及び本件配偶者の収入比率等により本件現金を合理的にあん分することもできず、また、②本件預貯金についても、本件現金と同様、それらの原資を特定することができず、本件配偶者が管理運用しており、被相続人の収入が混在している可能性を否定できない中、被相続人及び本件配偶者の収入比率等により合理的にあん分することができないのであるから、本件申告書に計上された預貯金及び現金の額を超えて、本件現金、本件預貯金が被相続人に帰属する相続財産として存在していたと断定することはできない。

(TAINS　J126-3-04)

【参考裁決：2013 年（平成 25 年）12 月 10 日】

（名義預金の帰属の立証が不十分であるとした事例）

　原処分庁は、本件預貯金等の管理状況については、単に H（被相続人の配偶者）が平成 17 年まで管理していたと主張するのみで、使用印鑑の状況や保管場所など管理状況について何ら具体的に主張も立証も行わず、また、その出捐者については、本件相続開始日前 3 年間の本件被相続人の収入が多額であること、及び本件預貯金等の出捐が本件給与振込口座と直接的な関係がないことを挙げるのみで、求釈明に対しても、新たな主張はないとして具体的な出捐の状況については何ら主張立証をしていない。さらに、本件被相続人から請求人ら及び孫らに対する贈与の有無についても、請求人夫婦が平成 18 年に贈与を受けた際には贈与税の申告を行っており、その他に贈与税の申告がなかったのは贈与がなかったからにほかならない旨主張するのみであり、到底承伏できるような主張ではない。そして、請求人らは、本件提出資料が本件相続に係る相続財産を示したものであること及び本件 H 名義預貯金が本件被相続人の財産であることを認めた事実はない旨主張し、L 税理士も当審判所に対し、当該主張に沿う答述をしており、特段、その答述の信用性を疑わせるような事情もないことからすると、請求人夫婦が当該各事実を認めたことを前提とした原処分庁の主張には理由がなく、このことから本件預貯金等が相続財産であったと認めることはできない。

　なお、原処分庁は、本件 M（被相続人の孫）名義貯金については、設定時の印鑑が被相続人印で、設定当時 M は 4 歳であることから、出捐者は本件被相続人となる旨、個別に主張するが、請求人らは、出捐者は J（M の親。相続人）であると主張しているところ、当審判所の調査によってもその出捐者が被相続人であるとは認めることができない上、上記のとおり届出印も平成 13 年に M が使用している印鑑に改印され、以後の管理は請求人夫婦が行っていると認められることから、これらのことを総合的に判断すれば、本件 M 名義貯金についても相続財産に該当すると認めることはできない。

※　カッコ内は筆者注です

(TAINS J93-4-11)

SECTION 11

名義株の調査

1 調査対象の選定

　2022 年（令和 4 年）分相続税課税件数 150,858 件のうち、特定同族会社の株式の所有権数は 15,012 件です。課税された相続税事案のうち概ね 1 割程度が同族会社の株式の申告があります。原則としてこれらの全てが名義株調査選定の俎上にあります。調査対象は、名義株の存在が疑われ、名義株と認定した場合に相応の申告漏れが見込まれる事案に絞られます。

相続税課税件数に対する特定同族会社件数の割合

年分	特定同族会社 株式件数（件）	課税件数 （件）	割合 （％）
2022 年（令和 4 年）	15,012	150,858	10.0
2021 年（令和 3 年）	14,087	134,275	10.5
2020 年（令和 2 年）	13,045	120,372	10.8
2019 年（令和元年）	12,613	115,267	10.9
2018 年（平成 30 年）	13,154	116,341	11.3
2017 年（平成 29 年）	12,970	111,728	11.6
2016 年（平成 28 年）	12,513	105,880	11.8
2015 年（平成 27 年）	12,330	103,043	12.0

2 名義株調査の流れ

　名義株の調査は概ね次のような手順で行われます。通常の反面調査と大きく異なることはありませんが、名義人の数が多い場合、調査に対応する調査官も増えます。

調査対象の選定
・名義株と見込まれる株式数及びその価額を計算し、高額な申告漏れが見込まれる事案を抽出する。

準備調査
・税務署内外の資料を収集する。

臨宅調査

反面調査（関係会社等）
・株主名簿
・株主総会の開催状況
・配当金・増資関係資料

反面調査（銀行）
・配当金支払状況
・増資払込状況

反面調査（株式の名義人）

調査結果の説明
・相続人に対し、名義株調査の結果の説明をする。

相続人の検討と諾否
・相続人は、説明内容について事実関係を確認する。
・他人名義であるため、入念に検討する。

3 調査の具体的手法

(1) 調査対象の事案の選定

　調査担当部門の人員構成や調査日数の兼ね合いがあり、全事案を漫然と調査するわけにはいかないことから、調査対象は概ね次の点に絞られます。創業時から株主の異動が全くない、株主の住所地の市町村名が変動しているのに名簿の変更がないなど、株主名簿が塩漬けになっているような会社がターゲットです。名義株かどうかは、実地調査をやってみなければ判断できませんが、調査選定する調査官の長年の経験と勘がものをいいます。実地調査で名義株と判断される事例が多いことから、調査選定の確度が高いことが窺われます。

① 被相続人が創業者又はその相続人である
② 法人税申告書別表2もしくは創業時からの株主の異動がほとんどない
③ 被相続人が株式を所有している法人の株価を概算し、名義株と推認される株式を乗じて計算した結果、高額な申告漏れが見込まれる

(2) 準備調査

　会社に対する反面調査に着手する前に、念入りに準備調査をします。準備調査はKSK資料を中心に法人税申告書、株式名義人の所得税申告書、過去の法人税調査資料等署内資料を収集します。

(3) 臨宅調査

　臨宅調査では名義株についてあまり深く聞き取ることはありません。会社創立の経緯など簡単に聞きますが、株式について念入りに聞き取る時間の余裕がありません。名義株調査の本丸は、会社への反面調査です。

(4) 反面調査（会社）

　会社に対する反面調査は、臨宅調査の翌日くらいに行われます。会社での調査は、名義株の判断材料を収集することが目的です。主な調査のポイントは次項4（名義株調査の実際）を参照してください。

(5) 反面調査（金融機関）

　金融機関調査は被相続人及び相続人等の預貯金の動きを調査しますが、一般

的に被相続人のメインバンクは会社のメインバンクであることが多く、被相続人等の金銭の入出金に絡んで会社の金銭の動きについても調査します。名義株調査における銀行調査の対象は次の通りです。

① 増資払込状況

② 配当金支払状況

(6) 反面調査（株主）

株式の名義人に対する反面調査は、名義株調査のキモでもあります。最終的な判断は、名義人がどのような言い方をするかにかかります。名義人が複数いる場合は、同一日同一時間で一斉調査を行います。

4 名義株調査の実際

(1) 関係会社での名義株調査

関係会社への反面調査で最も重要なのは名義株の調査です。名義株調査は、その名義人に直に当たって株式の所有及び経緯等を聞き取らないと確認ができませんが、名義株を判定する重要な情報は会社にあります。次の簿書を中心に調査します。

(2) 会社創立時の取締役会議議事録等

会社の資本は、株主各人が出資します。旧商法では会社の設立時に8人の発起人を必要としていました。しかし、現在も同様ですが、将来の成長が確約されない会社に積極的に出資してくれる友人知人がそういるわけではありません。結局、発起人である創立者が資本金を全額負担し、設立発起人として友人知人の名義のみを借りて会社を立ち上げます。これが一般的な「名義株式」の成り立ちです。

将来のトラブル回避のために、名義人各人から何らかの念書を徴求していることがあります。筆者の経験でも、30年以上前の設立時の書類の中に「名義株であることの念書」がありました。名義人が名義株であることを表明し、名義人が署名押印していました。創業者である被相続人は将来のことをおもんぱかって「念書」を徴求するくらいのしっかりした人で、会社も業界屈指の規模

にまで成長させていました。残念なことに、相続人は名義株であることを知っていながら相続財産として申告していませんでした。

(3) 各年の株主総会及び取締役会議事録

非上場会社の株式の大半は譲渡制限株式です。譲渡や贈与による株主の異動がある場合、株主総会又は取締役会の決議が必要です（会社法 139）。株主名簿を確認し、名義人の異動がある場合、その理由及び内容を克明に調査します。株式の名義変更は承認が必要であるので、株主総会又は取締役会の議事録を異動があった都度確認します。株式名義変更の承認決議がない場合、オーナーが勝手に名義変更できる株式、つまり名義株ではないかと推認されます。

株式名義人の異動があった場合、株主名簿をもとに、署内の簿書を丹念にチェックします。株式の異動理由が贈与であれば贈与税申告書、譲渡であれば前所有者の所得税申告書等を確認し、異動内容と照らし合わせます。贈与があったとされるときの株価を概算で計算した結果、贈与税の課税対象であれば贈与税の申告があるはずです。名義株と思しき株式の異動は、当然贈与税の申告がありません。税務申告の有無は、名義株の重要な判断材料です。

(4) 株主名簿

株主の異動は株主名簿で確認します。株式の名義変更とその理由のチェックは綿密に行います。当然取締役会議事録等との突合は怠りません。非上場会社は株主名簿の作成がなく、法人税申告書別表 2 が全てというところも多くあります。毎年の別表 2 に記載された株主を並べてみると確かに株主の異動があるのだけれども、会社関係者又は相続人が異動した日及び理由が説明できないこともあります。とりわけ被相続人がワンマン経営者であったようなケースでは、被相続人の頭の中にある株主名簿が全て、ということもあります。

創業者である被相続人が株式名義を勝手に変更し、実態が不明瞭となっているさなかに突然死亡し、名義人がそれぞれ実株であると主張した事例がありました。名義株があるということは会社の経営権及び財産の帰属が不明瞭になることでもあるといういい見本でした。

(5) 株券台帳

株券を発行している会社は、株券台帳を備え付けています。被相続人の株券の所在、株券記号番号を確認したうえで株券台帳と照合します。名義株がある場合、株式の所有者と株券台帳との整合性がないことがあります。もとより名義株であることを認識しているため、いい加減な処理がされているようです。

(6) 株券

株券は重要な有価証券です。株券の占有者は、株式についての権利を適法に有するものと推定されます（会社法131①）。つまり株券を持っている者が株主です。そのため、臨宅調査又は会社への反面調査では株券の現物を確認するだけではなく、その保管場所を確認します。名義株の場合、その名義人の株券を被相続人が一括して保管していることがあります。筆者の経験でも、稀ではありませんでした。発行済みの全株券を会社で一括保管している事例もありました。株主が株券を紛失する恐れがあるということで、会社が保管を委託されることのようですが、実態は名義株がほとんどです。

また、株券の保管場所は、その他の重要な書類の保管場所となっていることが多く、例えば配当金振込のための名義株主の数だけの普通預金通帳が株券と一緒に保管されていた事例がありました。普通預金通帳は配当金だけが何年にもわたって入金されるだけであり、出金が全くありませんでした。名義株と連動した口座であることが明らかで、これらの名義株及びその配当金受領口座は相続財産であり、申告から除外されていました。勿論、相続人には名義株であることの認識があり、意図的に相続財産から除外していたものです。

(7) 配当金受領書

配当金を誰にどのように交付しているかも調査の対象です。「誰に」という表現はおかしいですが、名義株の場合、名義人に渡ることはありません。真実の所有者が受領します。この場合の真実の所有者というのは、通常、創業者である被相続人です。配当金が支払われる場合、配当金の受領者から受領書を徴求します。この受領書は、署名押印がありますので重要な資料です。近年は、配当金は振込みにより行われているでしょうが、振込先の口座が問題となりま

す。

　配当金が支払われた日の被相続人及び家族の普通預金口座は徹底的に調べられます。もちろん被相続人の保有株式数を超えた配当金が支払われていることがあり、それがうっかり被相続人の口座に現金入金されていた事例がありました。

(8) 増資の有無

　過去に増資が行われていれば名義株の認定の近道でかつ重要なポイントです。増資払い込みは、株主が割り当てられた株数に応じた払い込みをします。名義株がある会社の増資は名義人が払い込むことは「原則として」ありません。増資払い込みがどのように行われたかを会社関係書類と銀行への反面調査で調べます。

　筆者の経験でも、増資払い込みの名義は株式名義人の名前で行われていましたが、同日に被相続人の普通預金口座から被相続人の引き受け株数以上の預金の引き出しがあったケースがありました。過大に引出した金額は名義株の払込金額と一致しており、名義株の認定の強い証拠となりました。増資払い込みの全額が被相続人の口座から引き出されているケースはざらにあります。

第4章

相続税調査の事例

本章の概要

　相続税の調査は、申告から漏れた財産の解明です。現金や金等の現物財産が典型例ですが、表面的に確認できるが相続財産として判断が微妙な名義預金又は名義株なども、調査対象となる重要な財産です。

　本章では、筆者又は筆者の周辺の実例を基に、財産別の調査対応事例を解説します。なお、金額は概算です。

SECTION 1

名義預金

1　家族名義金融資産の事例①

⑴　概要

　会社経営者であった被相続人 A の総遺産価額は約 6 億円で、そのうち預貯金及び上場株式等で約 4 億円であった。配偶者 B 名義の金融資産が 1 億円あったが、これらは全て B の金融資産であると相続人が主張したことから、相続財産には加算しないで申告した。B は認知症のため介護施設に入所している。相続税の調査が開始した。調査の主眼は B 名義金融資産の帰属であることは、調査官の質問等から推測することができた。

⑵　調査官の主張

　A の相続開始日現在、無職である B の名義の金融資産が 1 億円あるのは不自然である。これらの原資は A と推測されることから、相続財産であると思われる。修正申告に応じてもらいたい。

⑶　検討と結果

　B は A と結婚後共同で事業を立ち上げ、役員として給料があった。相続開始 10 年程前に会社を長男に譲り、無職であった。税理士事務所の確定申告資料や会社の古い議事録やメモ等から、A 及び B の過去 30 年の収入について確認することができ、A と B の収入割合は概ね 4：1 であることが判明した。

　配偶者は相続開始当時では無職であっても、過去に相応の収入があり、しかも被相続人の口座との混在はなく、自己の収入は自分で管理していた。配偶者の預貯金が相続財産であるという調査官の主張には根拠がない。

188

確定申告や会社の給与等の資料があったことから、Bの資産の原資を判定することができたが、過去に相応の収入があったことを立証することは、困難である。

対応のポイント

・配偶者名義の財産は原則として配偶者のものであるという当然の事理を覆し、被相続人の財産であると認定するならば、認定する者が立証すべきである。
・過去の可処分所得及び蓄積可能額の計算を求められたが、断った。別項で解説したが、納税者が行った場合、調査官からバランスの悪さの指摘を受ける可能性が高い。

2 家族名義金融資産の事例②

(1) 概要

被相続人A名義金融資産約6,000万円、配偶者B名義金融資産約4,000万円であったが、B名義金融資産はB自身の資産であるとの主張があったことから、Aの相続財産に加算しなかった。

(2) 調査官の主張

Bは、結婚後就労したことがなく、親からの相続財産等もない。Bの預金口座には10万円単位ではあるがAから資金の移動がある。これらのことから推測すると、Bの資産の原資はAによるものであることから、全額を相続財産に加算すべきである。

(3) 検討と結果

Bの主張をよく聞き取ったところ、結婚以前に働いており、結婚が遅かったので結婚当時7、8百万円程度の預貯金があった。その後の運用に

よる増加分もある。確かに 4,000 万円全額が B 自身で得たものではなく、A から受けた生活費の残りをコツコツ蓄積したものもある、とのことであった。結果的に、4,000 万円の原資の半分近くは B の個人資産であると主張し 2,000 万円を相続財産に加算して修正申告をした。

対応のポイント

・家族名義預金の原資が不明である、いわゆるグレイゾーンでの預金の帰属者の判断は困難である。名義人の主張をしっかり聞き取り、主張に基づいて、確実な部分はしっかり確保し、グレイゾーンでの預金の帰属者を納税者側に引き寄せる相当な努力（交渉の余地）が必要である。
・名義人が過去の所得の蓄積を主張している等、ある程度の蓄積が推認できるような場合、課税庁も相続財産として更正することが困難である。

3 家族名義金融資産の事例③

(1) 概要

　被相続人 A は、相続税対策として毎年 200 万円の家族名義（子及び孫10 人分）の定期預金を設定し、A の配偶者が贈与税の申告と納税を行っていた。相続開始日現在、名義を変更した預金の合計は 2 億円となっていた。

(2) 調査官の主張

　金融機関の届出印はそれぞれ異なっているが、名義人の住所地は遠隔地であるにもかかわらず届出住所は A の住所地であり、印鑑及び預金通帳は、A の自宅金庫に一括で保管されていたと推認される。

　家族名義 10 人分の定期預金 2 億円は、A に帰属する名義預金である。

(3) 検討と結果

次の理由から、贈与事実がなかったとして相続財産に加算した。

① 贈与があったとされる年分に、名義人各人に金銭又は定期預金証書が交付されておらず、贈与があったことが確認できなかった。

② 贈与税の申告と納税はAの配偶者が行っており、定期預金通帳及び印鑑はAの自宅金庫にまとめて保管されていた。

③ 定期預金の名義人となっている相続人等は、定期預金が作成されていることは薄々知ってはいた。しかし、相続開始後に定期預金通帳及び印鑑を名義人各人に交付した事実が判明した。

対応のポイント

・申告にあたって、家族名義財産の実質的帰属者の判定は困難である。

SECTION 2

贈与財産

1 贈与資金への対応

　近年は過去の贈与について、相続財産に何とか取り込もうとする姿勢が強く感じられます。しかし、明らかに贈与を受けた資金又はその資金の化体財産まで相続財産と認定し課税することは、行き過ぎでしょう。贈与税の申告をしなかったことは、納税義務に違背する行為ですが、贈与税の申告についての意識に欠ける人たちがいることも事実です。

2 過去の贈与の事例①

(1)　概要

　被相続人は相続開始7年前に被相続人の普通預金口座から長男Aの普通預金口座に2,000万円、長女Bに1,000万円を振り込んだ。この金員でAは自宅を購入し、Bは高級車や衣料品を購入して費消した。

(2)　調査官の主張

　送金した金額の合計3,000万円は、A及びBに対する貸付金、もしくは家や車を購入するための立替金である。相続財産に加算して修正申告すべきである。

(3)　検討と結果

　相続開始前7年前にA及びBに対する送金事実が認められた。次の理由から、相続財産ではなく贈与財産となった。

　①　被相続人の意向は、Aが居宅を取得するための資金の一部として、Bが車を購入するための資金の一部として贈与したものであり、資金は受贈者の管理下に置かれ、それぞれ全額が費消されている。

192

② 贈与者及び受贈者ともに返済不要との認識であり、もちろん返済を求められたことはない。

③ 受贈者は借り入れたという認識はなく、借用書を取り交わす等借り入れの事実もない。

④ 生活費の贈与ではないので非課税とはならないが、贈与税の除斥期間が徒過している。

3 過去の贈与の事例②

(1) 概要

被相続人Aは、相続開始5年前に孫Bのために車を購入する資金150万円をB名義の普通預金口座に送金した。Bは車を購入しB名義とした。私用で利用する以外に、病弱なAの通院の送迎をしていた。

(2) 調査官の主張

150万円は、Bに対する貸付金もしくは車を購入するための立替金である。相続財産に加算すべきだ。

(3) 検討と結果

確かに150万円はAから送金を受けた資金であり、車を取得したことは確認できた。しかし、送金を受けたBは贈与により取得したとの認識である。150万円を返金するつもりはない。

贈与税の申告をしなかったことは、大変不手際なことであり、贈与税の申告と納税をした。

対応のポイント

・贈与を受けた事実が明白であれば、その財産は貸付財産や立替財産にならない。贈与行為が完遂していることを見極めることが大事である。
・贈与税の申告がなかったことは、贈与事実がなかったことにはならない。
・調査官が納得しないからといって、中途半端な対応をしない。

SECTION 3

不明出金

1 高額な出金の使途が不明な事例①

(1) 概要

　被相続人 A は非上場会社の代表で、多額な金融資産があった。相続税の申告にあたって普通預金の入出金を確認した。相続開始前 4 年程の期間に、普通預金から 500 万円以上の高額な出金、合計約 4,000 万円があり、その使途が不明であった。

(2) 調査官の主張

　高額な現金出金の使途が不明であるが、資産を購入した形跡がない。相続人も記憶をたどり真剣に調べてもらいたい。相続人の誰かが知っているはずであるから、現金として相続財産に加算すべきである。

(3) 検討と結果

　相続税申告書を作成するにあたって、使途が不明な出金は相続人も十分に調査したが結局解明できなかった。9 月に調査を開始して、翌年 6 月まで調査が行われた。

　次の理由から、不明出金は不問となった。

　　① A は生来健康であり、病に倒れて約 3 か月という比較的短期間で死亡した。相続税対策をする意図はなかった。

　　② 相続財産のうちに金融資産が 2 億円以上あるのに、相続人が 4,000 万円程度を隠匿する理由がない。

　　③ 相続人は A の事業活動に関知していない。

　　④ 相続人は十分調べたが全くわからない。

> 対応のポイント
>
> ・不明出金等、不明朗な金銭の使途は、生前被相続人の金銭に関わっていない相続人が解明することは限界がある。相続人が使途を解明するまで調査が9か月も継続されたが、不明出金の解明は時間が解決するわけではない。

2 高額な出金の使途が不明な事例②

⑴ 概要

被相続人Aは20年ほど前に譲渡所得が約20億円あった。使途はほとんど解明したが、相続開始5年前に銀行から5,000万円を現金で引き出し、その1年後さらに5,000万円を現金で引き出した。

⑵ 調査官の主張

銀行から最初に引き出した5,000万円は解明した。2度目に引き出した5,000万円の使途が不明である。相続人が不知であるはずはない。現金として申告すべきである。

⑶ 検討と結果

銀行から2回にわたって引き出した現金は、銀行員が自宅に届けた。その場にはAの秘書が同席していた。現金は、秘書が自宅から持って出たことがはっきりしている。

次の理由から、2回目の5,000万円の不明出金は不問となった。

① 5,000万円が自宅に届けられたとき、相続人はその場に同席していなかった。

② Aの指示で秘書が持ち出したことは、関係者全員の証言が一致している。

③ Aの生前の行動から、複数の特殊関係人がいる可能性が高い。調

査官が把握しきれないのかもしれない。

対応のポイント

・高額な不明出金は相続人にとっても重大である。相続人の知らない高額
　な不明出金は気分がいいものではない。しかし相続人が知らないものは
　知らない。
・不明金は、複数いる特殊関係人に渡った可能性が高いが、相続人の問題
　ではない。贈与税課税の問題である。
・相続人が使途を解明する手段が限られ、限界がある。不明金であるから
　といって、相続財産に加算する合理的理由がない。相続税には不明金に
　対する蓋然的課税方法（使途秘匿金のような課税方法）は馴染まない。

3　相続開始直前の出金の事例

(1)　概要

　被相続人Ａの様態が急変したので葬式費用等のために、Ａの口座から
500万円を引き出した。Ａは翌日に死亡した。相続税の申告に当たって、
500万円のことは失念しており税理士に説明しなかった。

(2)　調査官の主張

　死亡前日に引き落とした500万円は、死亡するまでの間に費消した事
実がないことから、相続開始日当日現金であったことになる。手持ち現
金として相続財産に加算すべきである。相続財産が現金であったことを
奇貨として申告しなかったことから隠蔽行為である。

(3)　検討と結果

　相続開始日前日に被相続人の口座から引き出した500万円は、相続開
始日当日現金で存在した事実は認めるが、次の理由から意図的に相続財

197

産に加算しなかったものではないと説明した。

① 相続人は手元に現金がなく、葬式費用等死亡直後の諸費用として
引き出したものであること。

② 500万円は通夜葬式等の諸費用として費消したこと。また、支払
い状況は葬儀社等の領収書や相続人のメモ等で確認できること。

③ 相応の金融資産や手持現金を申告しており、この500万円だけを
意図的に隠蔽する合理的な理由がないこと。

④ 相続税の申告は、残高証明書で行っており預金通帳を確認しな
かったため、相続人が引き落としたことを単に失念していたもので
あること。

対応のポイント

・相続開始直前に被相続人の普通預金口座からまとまった現金を引き出す
事例は多くある。申告にあたって、被相続人の普通預金通帳の確認は必
須である。

・相続開始直前の400〜500万円の出金は葬式費用の準備であることが多
い。意図的な隠蔽行為であるとの主張は受け入れられない。金員の使途
を丁寧に説明する。

【参考裁決：2011年（平成23年）6月21日】

（預金からの死亡直前の出金を、相続開始時に存在していたと認定した事例）

　請求人らは、相続開始の数日前に被相続人名義の預金から相続人が出金した
50,000,000円（本件金員）について、出金された当日に被相続人に引き渡され、
相続開始日までに被相続人によって費消されて存在していなかったから、本件相
続に係る相続財産ではない旨主張する。しかしながら、被相続人が、50,000,000
円という高額な金員を家族に知られないまま費消することは通常であれば考えら
れないことに加え、本件金員をギャンブル等の浪費によってすべて費消するには

相続開始前の数日間では短すぎるのであって、被相続人の消費傾向に照らしても、本件金員がすべて費消されたとは考え難く、また、被相続人自身、数日後に死亡するとは考えておらず、多額の費用が必要な手術の準備をしていた時に、本件金員を引き出す直前の預貯金残高の8割を超え、総所得金額の2倍以上に相当する50,000,000円もの金員が、そのような短期間で軽々に費消されたとも考え難い。さらに、原処分庁及び当審判所の調査の結果によっても、本件金員が、相続開始日までに、他の預金等に入金された事実、債務の返済や貸付金に充てられた事実、資産の取得又は役務の提供の対価に充てられた事実、その他何らかの費用に充てられた事実はなく、家族以外の第三者に渡されたような事実もない。以上のとおり、通常想定し得る金員の流出先についてみても、本件金員が費消等された事実はなかったのであるから、本件金員は被相続人によって費消等されなかったと認めることができ、ほかにこれを覆すに足りる証拠はない。したがって、本件金員は、本件相続の開始時点までに被相続人の支配が及ぶ範囲の財産から流出しておらず、本件相続に係る相続財産であると認められる。

（裁決事例要旨）

SECTION 4

名義株式

1 家族名義非上場株式の事例

(1) 概要

　被相続人Aは甲社の創業者である。株主及び株式の異動は表の通りである。A及びBは長男C及び長女Dに対し持ち株の贈与をしてきた。株式の異動は取締役会の承認を受けている。株主総会は毎年開催しているが、配当はない。

株式会社甲　株式異動表

株主		X年5月3日	X15年6月5日		X17年6月5日		X20年6月1日		X25年6月1日		X29年9月1日
		創立	異動	株数	異動	株数	異動	株数	増資	株数	相続
A	社長	30,000	△3,000	27,000	△5,000	22,000		22,000	22,000	44,000	44,000
B	妻	10,000		10,000		10,000	△2,000	8,000	8,000	16,000	16,000
C	長男		+3,000	3,000	+3,000	6,000	+2,000	8,000	8,000	16,000	16,000
D	長女				+2,000	2,000		2,000	2,000	4,000	4,000
E	知人	4,000		4,000		4,000		4,000	4,000	8,000	8,000
F	知人	2,000		2,000		2,000		2,000	2,000	4,000	4,000
G	知人	2,000		2,000		2,000		2,000	2,000	4,000	4,000
H	知人	2,000		2,000		2,000		2,000	2,000	4,000	4,000
合計株数		50,000		50,000		50,000		50,000	50,000	100,000	100,000

(2) 調査官の主張

　C及びDに対するX15年、X17年及びX20年の株式の異動は贈与との主張だが、贈与税の申告がないことから贈与は認められない。Aの名義

200

株である。

(3) 検討と結果

C及びDの株式は次の理由から、各人に帰属する株式であるとして調査が終了した。

① CはX20年にAに代わり代表取締役社長となり会社を経営している。

② 株式の異動は、実質的に贈与である。異動があった各年の贈与は、贈与税の基礎控除を超える贈与金額となった年もあるが贈与税の申告はしていない。しかし贈与事実があり、株式に基づいて権利を行使しており、Cは経営者として株主総会に出席している。株主としての認識がある。Dは経理担当者として常勤している。株主総会に出席しており株主としての認識がある。

③ C及びDは、X20年の増資払い込みは各人の資金で行っていることが確認できる。

対応のポイント

・家族名義の株式は単なる名義株であることがあるが、原則として贈与で移動しているとのスタンスで検討する。

・贈与事実がある場合、株主としての実態があることを確認し、受贈者が受贈財産を管理運用している株であること説明する。

・贈与税の申告がなかったことは、贈与事実がなかったことにはならない。

---

2 名義非上場株式の事例

(1) 概要

上記1の事例でEからHまでの株主（以下「他の株主」という）につ

いて、名義株ではないかとの指摘があった。

(2) 調査官の主張

　他の株主は、創業以来変更がなく、株主総会等の出席の事実がない。増資払い込みはＡが行っており、株主としても実体がないことからＡの名義株である。

(3) 確認と対応

　他の株主は、次の理由から実態は名義株である。

① 　Ｂ及び事業承継者であるＣは、他の株主と長年接触がなく、電話連絡等もすることがなく実態が分からない。

② 　X25年の増資払い込みは、ＢからＤを除いた分を全てＡが行っている。

対応のポイント

・調査官の指摘だけで名義株と判断することは避ける。調査官が指摘した根拠を十分に確認する。他人名義の株式を、被相続人の財産として相続税の課税対象とすることになるので、その帰属の判断は極力慎重に行わなくてはならない。誤って相続財産に加算し修正申告した後に実株であることが判明した場合、名義人及び課税庁とのトラブルを引き起こすことになる。

・名義株の指摘がある場合、調査官は名義人に対して反面調査を実施して名義人の証言を得ていることが多い。納税者も同様に名義人に確認する必要がある。いわば寝た子を起こすことにもなる場合が生じる。

・従業員、元従業員や役員の場合、創業者から株式を贈与されている場合もあるので、名義株であると一方的に判断することはできない。

・本来名義株であっても、実質的所有者に相続開始があったことを奇貨として、実株であると主張する株主もいる。税金の問題ではなくなる事態となることもある。名義株と思しき株式はとにかく早期に整理しておく。

SECTION 5

家庭用動産・庭園設備・回収不能である債権

1 家庭用動産の事例

⑴ 概要

家庭用動産の価額を 50 万円として申告した。この価額は、相続人等の了解のもと、決定したものである。

⑵ 調査官の主張

家具調度品等からみると家庭用動産の価額が低すぎるので、100 万円ほどで評価するのが相当である。

⑶ 確認と対応

家庭用動産の価額は、1 個又は 1 組の価額が 5 万円以下のものは、一括で一世帯ごとに評価することができる。以下の理由から、申告価額は適正であると説明したところ、申告した 50 万円が認容された。

① 家庭用動産は、1 個又は 1 組の価額が 5 万円以上と思われるものはないため、一括して 50 万円として評価したものである。

② 被相続人の自宅は配偶者及び長男家族が同居しており、被相続人の家財だけを適切に区分して評価することができない。相続人全員の了解を得なければならないので、100 万円で評価すべきであることの根拠を示してもらいたい。

対応のポイント

・家庭用動産は、同居している家族がいる場合、被相続人の所有物と区分することが困難である。

・通達の趣旨は、煩雑な評価を回避して一括で評価することである。

・家庭用動産の価額が低額であると指摘を受けたとしても、適切な価額の判断の指針がないことと、評価額を変更する場合、相続人にその理由を説明しなければならないが、納得を得られる説明ができない。

2 庭園設備の事例

(1) 概要

被相続人の自宅は 1,000m² ほどあり、手入れが行き届いた広い庭がある。庭には松、池及び石が配置されている。

(2) 調査官の主張

庭が広く、手入れが行き届いている。これは庭園であるため、庭園設備の申告漏れである。適切な価額を見積もって相続財産に加算すべきである。

(3) 確認と対応

被相続人は生前より庭いじりが趣味であり、手入れを怠ったことがない。確かに広くてきれいな庭であるが、次の理由から庭園設備に該当しないと判断した。

① この庭は被相続人が普段からの手入れを怠らず管理していたものである。

② 庭園又は設備という規模のものではなく、趣味の範囲内の普通の庭である。

③ 松や石は評価するほどのものではない。

第4章　相続税調査の事例

対応のポイント

・庭園とは、鑑賞・逍遥などのため、樹木を植え築山・池泉などを設けた
　庭で、特に計画して作った庭のことをいい、財産評価基本通達の庭園も、
　同様のものをいう。一般的には、相応の設備を備えて平素より資金を投
　下して維持管理している資産的価値の高い庭である。古都の寺院の庭を
　イメージすればいい。
・庭が広いからといって当然に庭園設備に該当するわけではない。
・庭園設備の申告漏れを指摘され、100万円、300万円のように概算で修
　正申告することは避ける。相続人の納得が得られるとは限らない。
・更正処分は非常に困難である。現実にはできないであろう。
・家庭用動産と同様、他の申告漏れ財産がないときに、指摘を受ける事例
　が多いが、交渉の材料にしてはならない。

3　回収不能である債権の事例

(1)　概要

　非上場会社の会長が死亡した。会社に対する貸付金が2,000万円あっ
たが、回収不能の債権であることから相続税の課税価格に加算しなかっ
た。

(2)　調査官の主張

　相続開始日現在会社に対する貸付金として存する債権である。相続財
産であることから修正申告すべきである。

(3)　確認と対応

　調査官の指摘はもっともであるが、次の理由から当初申告が認容された。

①　会社は被相続人の生前から赤字が継続し、換金可能資産がほとん
　　どない。相続開始日現在、財産評価基本通達205に該当し、回収不
　　能と判断される。

205

② 相続開始前より休業状態であり、相続人は会社に関与しておらず相続開始後に会社を整理し解散した。

対応のポイント

・同族会社の経営者が、会社に対する貸付金等を残したまま相続が開始する事例は大変多い。原則として相続開始日現在の債権であることから、相続財産に加算すべきものである。

・会社に対する債権は、生前に何らかの手段で解消しておくべきものである。解消手段は様々ある。放置しておくことは、相続後に相続人の精神的経済的負担が生じるだけであり無用の労力が生じる。

第5章

調査の終結

本章の概要

　この章では、調査が終結した場合の指摘事項への対応を解説します。相続税調査による申告誤りについての財産別の割合は第1章で解説した通りです。概ね「その他の財産」及び「土地家屋」で50％、「現金・預貯金等」及び「有価証券」で50％です。預貯金・有価証券等金融資産の申告漏れのうち、被相続人名義の資産はほとんどないでしょう。大半は家族名義取引と考えられます。

SECTION 1

調査の終了

1 調査期間

調査期間は決まっていませんが、相続税の場合は他の税目と異なり比較的長期になるようです。相続財産が高額である場合、多種多様な金融資産がある場合などは反面調査先が多くなり、必然的に調査が長くなります。

調査の開始から1か月程度は見込んだ方がいいでしょう。中には8月に開始して12月に終わるケースも少なくありません。いずれにしても年内に終結するように指示されていることでしょう。

2 調査早期終了のために

税務調査の進行に口をはさむことはできませんが、調査はできるだけ早期に終了して欲しいものです。調査が長期間にわたりますと、相続人等の行動等を縛り、納税者感情にも良いことではありません。調査を早期に終結してもらうためのヒントがいくつかあります。

① 調査依頼事項は、できるだけ早期に調べて回答する

調査官の依頼事項は、できるだけ早期に調べて回答します。納税者側で放置すると、調査官が回答を待っていることがあり、それだけ調査が長引きます。

ただし、納税者側で調べるべきでない事項は、明確に断ります。

② 連絡がない場合、納税者側からアクションを起こす

調査官から長期間連絡がない場合は、時折連絡を入れます。近年は調査事案の進行管理を統括国税調査官がしっかり行っているようですが、それでも数か月も連絡がない事案があります。調査の終結の判断が難しい事実があるのも事実ですが、納税者にとっては心が落ち着きません。調査の進

展状況の打診をするとともに、それとなく進行を早めるよう促します。余計な電話を入れると藪蛇になると心配することがありますが、調査を早期に終了させた方が結局は納税者、税理士、調査官にとって利のあることです。

③　調査官と調査に関係のない不毛な議論はしない

　　調査官の不適切な行為等、見逃しにできない事態があればそれなりの対応が必要でしょう。しかし調査と関係のない事柄、例えば課税理論等の議論で時間を費やす場面を時折見かけます。特に元気のいい若い調査官が議論を受けて立つ傾向にあります。相続財産やその帰属等の事実関係に基づいた議論以外は納税者を含め三方疲弊するだけです。調査結果に基づく指摘に対しては、後日の検討事項としてその場を収めます。相続財産の申告漏れの指摘に対しては反証反論をすべきですが、課税庁の納得が得られなければ更正を求めるしかありません。

第5章　調査の終結

211

SECTION 2

指摘事項への対応

1 指摘事項への対応

　調査の結果、調査官から指摘を受けた事項について一つ一つ検討します。被相続人名義の預貯金等の漏れなど比較的単純な申告漏れについては、その残高を確認して是正しますが、土地評価についての指摘や名義預金については軽々に判断はできません。多種多様な指摘事項のうち比較的多い事項とその対応について解説します。

2 土地家屋等の評価誤り

(1) 当初の申告内容の再検討

　路線価の見誤り、側方路線影響加算の適用漏れ等単純な誤りは無条件で是正します。

　形状が複雑な土地等の評価についての指摘を受けることが多くあります。評価方法が財産評価基本通達に則っていない等です。このような土地等については、申告するにあたってそれなりの根拠があって評価しているはずです。おそらくA案、B案、C案があり最終的にB案で申告するに至った、というケースもあるでしょう。調査官から、A案が妥当であるという指摘を受けた場合、当初の評価内容を十分に吟味します。B案を否認する根拠及びA案でなければならない根拠について正確な説明を受けます。複雑な土地の評価方法は一つに限られません。いろいろな意見があることが、それを証しています。合理的な評価方法であると判断したものを覆すには、相応の理由が必要です。主張すべきところは主張します。

(2) 利用区分や評価の前提となる事実関係の誤り

　土地家屋の利用区分や評価の前提となる事実関係の誤りの指摘に対しては、

212

現地確認・事実確認をします。貸家建付地として申告した土地が、借家人がいない、若しくは貸家が建っていない等の指摘や、底地として申告した土地に借地人がいない若しくは使用貸借である等が主なものです。このような事例が実際に見受けられます。本来は申告書作成時に、現地を確認しておくべきです。

3 名義預金の指摘

(1) 名義人に実態を確認する

　近年は、単に多額の家族名義預貯金があるから相続財産である、という大雑把な指摘は少ないようです。被相続人に帰属する財産である証拠を掴んでいるはずですので、根拠の説明を受けて判断の材料とします。

　家族名義の預貯金等が、実質的に被相続人の財産であるという指摘に対しては、原則として直接、名義人に確認します。被相続人が管理運用していた預貯金等であれば、配偶者又は相続人代表の判断で終わることがあります。ただし、相続人以外の親族名義である場合、後日のトラブル回避のためにその帰属について十分に検討します。

(2) 贈与税申告の有無の確認

　名義人が贈与を受けて、過去に贈与税の申告をしたことを失念している場合もあります。税務調査に動転して、自分の預金ではあるが合理的な説明ができない相続人がいます。焦らず、名義人の説明をよく聞いたうえで判断します。

(3) 預金通帳等の確認

　指摘事項に対しては普通預金通帳・定期預金証書・定期預金解約計算書等を念入りに検討します。相続税調査では相続開始前 10 年近く遡って預貯金の動きを調べることがあります。相続人が古い預貯金通帳を保管しておらず、調査官の指摘事項を検証できないことがあります。検証のための預貯金通帳等資料がないときは、その金融機関で再発行を依頼します。

　筆者の経験でも、被相続人の普通預金口座から 500 万円を現金出金し、同日に同じ支店の相続人の定期預金口座に 500 万円を入金した事例がありました。当然、被相続人からの資金の移動という前提で調査を進めましたが、銀行の入

213

出金伝票の取扱時間や機械の通過番号等が異なっており、別の現金の移動であろうと判断し相続人に確認したところ、古い取引で記憶があいまいでしたが最終的に相続人が、被相続人の金とはまったく別個に証券会社から現金を持ち込んだことが判明した事例がありました。普通預金口座の動きだけから推断し、申告漏れの指摘を受けることがありますが、相続財産であると判断した根拠となる説明を確実に受ける必要があります。

4　名義株の指摘

(1)　名義株である根拠の説明を受ける

　名義株とは、他人名義ではあるが実質的に被相続人にその所有権が帰属していた株式のことをいいます。他人名義の株式を被相続人の財産として課税対象とすることになるので、その帰属の判断は極力慎重に行います。そのため、調査官が名義株であると認定した場合、その根拠の説明を必ず受けます。単に、被相続人が創業者である同族会社だから、被相続人又はその親族以外の名義であるからというだけでは相続財産に加算することはできません。株式の帰属は、名義人の財産権及び会社の存立基盤の問題でもあるからです。

(2)　相続人又は会社関係者等と検討する

　名義株の指摘は、その判断にあたって会社の関係書類を念入りに調べたうえで、さらに反面調査の結果が反映されているはずです。まずは指摘の根拠となった会社の書類を確認します。調査官は会社の書類については、教えてくれるでしょう。この情報に基づいて関係書類を検討します。そのためにも、会社の反面調査に当たって調査官が調べた関係書類の写しを取っておくか別途保管しておいたほうがいいでしょう。

(3)　株式名義人へ確認する

　名義株であろうとは推測してはいたものの、その真偽を詰めないまま相続が開始することも多くあります。相続人にとっても名義株の判断が付きかねます。この場合、名義人へ直に当たって確認することを検討します。調査官は、名義株調査にあたって、名義人にその実態を反面調査し、名義人が名義株であると

認めていることがあります。どの株主に対して反面調査したか調査官から教示
してもらわないと、納税者側でも確認しようがありません。まずは、名義人に
当たって確認することです。

　注意しなければいけないのは、名義株であると判断された株式と同様の動き
をしている株式について、全て同様に名義株と推認される可能性があることで
す。10人の株主のうち3人程度を反面調査して、あと7人の株についても名義
株の蓋然性が強いというようなケースです。全て名義株である可能性が高いと
思われても、後日のトラブルを避ける工夫が必要です。

(4) 名義株は必ずしも被相続人のものとは限らない

　会社を被相続人及び兄弟や親族と創業していることがあります。相続開始時
に被相続人が代表者であったからと言って、名義株と指摘された株式が必ずし
も被相続人に帰属するものとは限りません。

(5) 名義株の対応

　相続人にとっては、相続で引き継いだ会社をつつがなく経営していくには潤
沢な資金の裏付けが欲しいところです。相続税の負担はできるだけ少なくした
いと考えます。とりわけ非上場会社の株式は換金困難資産であり、被相続人名
義の株式だけでも負担が大きくなります。そのうえ名義株に応じた税額の負担
は極力避けたいところです。そこで実体は名義株である株式を相続財産から外
して申告し、調査にあたっても、名義株ではないと強く主張します。最終的に
立証が不十分で、名義人の実株として調査が終わることがあります。相続人に
とって、当面の課税を免れることができます。名義財産の成り立ちは様々な事
情や理由があります。特に典型的な名義預金や名義株は、相続財産としての問
題のみならず、税務上の問題を抱えることになります。名義預金は、相続人又
は親族であることがほとんどですから、身内のこととして処理できるでしょう。
名義株は、まったくの第三者又は社員名義です。名義株をその名義人の実株で
あると主張した場合、後日その株式について売買や相続が発生したときにトラ
ブルが生じる可能性が高いことを考えておくべきでしょう。

215

5 家族名義上場株式

(1) 名義人に実態を確認する

　上場株式の取引や株式の名義が家族となっており、それが実質被相続人の財産であるという指摘に対しては、直に名義人に確認します。

(2) 顧客勘定元帳等の取寄せ

　相続人に確認しても、相続人がその実態をよく説明できないことがあります。このような場合は顧客勘定元帳等取引台帳及び預金通帳・元帳等を取寄せ、その取引の実質を判断します。被相続人と家族名義取引が混在しているような場合、判断が困難なことが多くあります。家族間で資金の入り払いが激しく、資金源も不明朗なケースです。自分自身が行っている金融取引について実態を話せないことがあろうはずはないと考えられがちですが、取引についてよくわからないけれど、元資は自己資金であるという人は相当います。このような場合、名義人の主張に基づいて判断せざるを得ないでしょう。

SECTION 3

更正・決定・修正申告・期限後申告

1 課税標準等又は税額等が異なるとき

課税標準等又は税額等が申告と異なる場合又は新たに課税標準等又は税額等を決定する場合、課税庁の処分又は納税者の是正申告が行われます。通常、当初申告を是正する「更正」「修正申告」及び新たに課税が行われる「決定」「期限後申告」があります。これらの相違は次の通りです。

2 更正

一般的に更正決定と呼ばれますが、「更正」とは、納税申告書の提出があった場合に、調査により行われる処分のことをいいます。次の場合が規定されています（通則法 24）。

① 納税申告書に記載された課税標準等又は税額等の計算が国税に関する法律の規定に従っていなかったとき

② その他課税標準等又は税額等がその調査したところと異なるとき

国税通則法では区分されていませんが、更正には「増額更正」及び「減額更正」があります。要は、提出された納税申告書の課税標準等又は税額等を増減させる課税庁の処分のことをいいます。

3 決定

決定とは、納税申告書を提出する義務があると認められる者が申告書を提出しなかった場合、つまり無申告であった場合に調査により課税標準等及び税額等を決定する課税庁の処分のことをいいます（通則法 25）。無申告であることから、減額処分はありません。

4 再更正

再更正とは、更正、決定又は再更正（以下「更正等」といいます。）をした後、その更正等をした課税標準等又は税額等が過大又は過少であった場合に調査により更正することをいいます（通則法26）。この場合においても「増額更正」及び「減額更正」があります。

5 修正申告

修正申告とは、納税申告書を提出した者が、次の各号のいずれかに該当する場合、国税通則法第24条（更正）の規定による更正があるまでに、その申告に係る課税標準等又は税額等を修正する納税申告書のことをいいます（通則法19①）。

①　納税申告書の提出により納付すべきものとしてこれに記載した税額に不足額があるとき

②　納税申告書に記載した純損失等の金額が過大であるとき

③　納税申告書に記載した還付金の額に相当する税額が過大であるとき

④　納税申告書に当該申告書の提出により納付すべき税額を記載しなかった場合、その納付すべき税額があるとき

6 期限後申告

期限後申告とは、期限内申告書を提出すべきであった者が、その提出期限後に提出する納税申告書のことをいいます（通則法18①）。つまり法定申告期限において無申告であった場合に提出する申告書のことです。

7 相続税の修正申告又は期限申告

相続税の更正、決定、修正申告及び期限後申告については、国税通則法に同じです。

調査の結果、相続財産から漏れていた財産が把握された場合、その財産を所

有していた相続人等が修正申告をすれば終わりということにはなりません。相続税の場合、調査対象者は相続人等であるとしても、現実には被相続人が相続開始日に所有していた財産を調査します。相続人が複数いる場合、申告漏れとなっていた財産が誰に帰属することになるかは、その財産についての遺産分割により確定しなければなりません。財産の帰属者が確定した場合、ほとんどの事案では相続人等が全員で修正申告をします。申告漏れとなった財産が確定した場合、または未分割である場合の加算税の賦課は異なります。

　相続税の申告及び修正申告は各相続人等の判断によります。修正申告に応じる相続人等、又は修正申告に応じることなく更正となる相続人等が出ることがあります。結果は変わりませんが、過少申告加算税も自主的な修正申告に対する加算税調査による修正申告又は更正に基づく加算税と異なります。

　加算税については第7章で解説します。

第 **6** 章

調査とは

本章の概要

　本章では、調査の基本的な解説をします。

　税務調査とは、課税庁が租税債権を保持するため、納税申告書の課税標準又は税額の適正性を事実の確認、証拠資料の収集等を行って判断することをいいます。当然、納税申告書を提出すべきであるが、無申告状態にある者の課税標準又は税額についても同様です。一般的には、国税庁及びその下部組織である国税局、税務署で行われる国税の調査のことをいいます。

SECTION 1

調査の概要

1 調査の意義

(1) 国税通則法

　税務調査は、大上段に構えると、憲法第30条に規定されている国民の納税の義務が適切に行われていることを確認するための行政手続きです。そのため、国税通則法を基幹として諸税法が整備されています。国税通則法第1条では「この法律は、国税についての基本的な事項及び共通的な事項を定め、税法の体系的な構成を整備し、かつ、国税に関する法律関係を明確にするとともに、税務行政の公正な運営を図り、もつて国民の納税義務の適正かつ円滑な履行に資することを目的とする。」として法の目的が示されています。国税の調査に関しては従来、質問検査権の規定をベースとして調査が行われてきました。2011年（平成23年）度の税制改正において国税通則法が見直され、第7章の2（国税の調査）が設けられ、事前通知による調査の開始から終了まで、各段階における具体的な規定が整備されました。更に次の通達は、詳細な規定が盛り込まれています。

① 「国税通則法第7章の2（国税の調査）関係通達の制定について（法令解釈通達）」（平成24年9月12日付課総5-9ほか）（以下「手続通達」といいます）

② 「調査手続きの実施に当たっての基本的な考え方等について」（平成24年9月12日付課総5-11ほか）（以下「事務運営指針」といいます）

(2) 国税通則法における調査

　調査とは、課税標準等又は税額等を認定するに至る一連の判断過程の一切を意味し、証拠資料の収集、証拠の評価あるいは経験則を通じての要件事実の認定、法令の解釈適用を経て更正処分に至るまでの思考・判断を含む包括的な概

念をいいます。おおもとは更正又は決定等の課税処分を行うための行政手続き
をいいます。

手続通達 1-1 では、調査の意義について次のように規定しています。

〔手続通達 1-1（「調査」の意義）〕

(1) 法（「国税通則法」以下同じ。筆者注。）第 7 章の 2 において、「調査」とは、国税（法第 74 条の 2 から法第 74 条の 6 までに掲げる税目に限る。）に関する法律の規定に基づき、特定の納税義務者の課税標準等又は税額等を認定する目的その他国税に関する法律に基づく処分を行う目的で当該職員が行う一連の行為（証拠資料の収集、要件事実の認定、法令の解釈適用など）をいう。

　　(注)　法第 74 条の 3 に規定する相続税・贈与税の徴収のために行う一連の行為は含まれない。

(2) 上記(1)に掲げる調査には、更正決定等を目的とする一連の行為のほか、再調査決定や申請等の審査のために行う一連の行為も含まれることに留意する。

(3) 上記(1)に掲げる調査のうち、次のイ又はロに掲げるもののように、一連の行為のうちに納税義務者に対して質問検査等を行うことがないものについては、法第 74 条の 9 から法第 74 条の 11 までの各条の規定は適用されないことに留意する。

　イ　更正の請求に対して部内の処理のみで請求どおりに更正を行う場合の一連の行為。

　ロ　修正申告書若しくは期限後申告書の提出又は源泉徴収等による国税（法第 2 条第 2 号に規定する源泉徴収等による国税をいう。以下同じ。）の納付があった場合において、部内の処理のみで更正若しくは決定又は納税の告知があるべきことを予知してなされたものには当たらないものとして過少申告加算税、無申告加算税又は不納付加算税の賦課決定を行うときの一連の行為。

---

(3) 調査の区分

　税務調査は調査対象事案の内容に応じて実地の調査と実地の調査以外の調査があります。また、納税義務者等と接触したとしても、調査に該当しない行為があります。なお、解説の便宜上、特に言及しない限り実地の調査は「実地調査」、実地の調査以外の調査は「簡易調査」又は「事後処理」、調査に該当しな

い行為は「行政指導」といいます。

実地調査及び実地調査以外の調査については別項で解説します。

調査	実地の調査 （実地調査）
	実地の調査以外の調査 （簡易調査・事後処理）
調査に該当しない行為 （行政指導）	

* カッコ書きは本書における略称です。

2 国税通則法における具体的手続き

国税通則法第7章の2は、調査の手続き等に関し具体的に規定しています。概要は次の通りです。

(1) 質問検査権（通則法74の2〜74の6）

所得税、法人税、相続税等主要税目の調査における質問検査権について規定しています。従前は各税法に規定されていたものを国税通則法に一本化したものです。当該職員（以下本書において「税務職員」又は「調査官」といいます）は税務調査において必要があるときは、納税義務者等に質問し、帳簿書類等の物件の提示若しくは提出を求めることができます。

相続税調査の質問検査権については後述しますが、国税通則法第74条の3において対象者が広く規定されています。

(2) 提出物件の留置き（通則法74の7）

留置きとは、税務職員が提出を受けた物件について国税庁、国税局若しくは税務署において占有する状態をいいます（手続通達2-1）。調査に必要な資料等をその場で検討するにあたって、調査先に必要なスペースが確保できない場合やコピー機がない場合にその資料等を借用する場合の規定です。当然、留め置いた帳簿書類等の詳細が記載された預り証が交付されます。

留め置く必要がなくなったときは、遅滞なく借用物を返還しなければならず、提出した者から返還の求めがあったときは、特段の支障がない限り、速やかに

226

返還しなければならないことになっています。借用物の返還は、預り証との引き換えとなります（事務運営指針 3 (5)）。

(3) 調査の事前通知（通則法 74 の 9〜74 の 10）

　税務署長は、税務職員に納税義務者に対し実地調査において質問検査権の規定による質問、検査又は提示若しくは提出を行わせる場合、あらかじめ納税義務者（税務代理人を含みます）に対し、その旨を通知することとなっています（以下「事前通知」といいます。）。

3　任意調査と強制調査

　税務調査には任意調査及び強制調査があります。任意及び強制調査の内容は次の通りです。本書は、国税局及び税務署の調査部門で行われる任意調査について解説します。

(1) 任意調査

　任意調査とは、一般的に税務調査といわれる更正・決定処分を行うための調査のことで、強制調査以外の調査を指します。税務調査のほとんどが該当します。任意と表現されますが、国税通則法に規定する質問検査権による調査であり、納税者が調査を受けるかどうかを任意に決めることができる、という意味合いでの任意ではないことに注意します。

(2) 強制調査

　強制調査とは、国税通則法第 11 章「犯則事件の調査及び処分」の規定に基づいて、査察官が所管する事件のことをいい、裁判所の臨検、捜査、差し押さえの令状を受けて行われます。悪質な納税者の調査が対象となることから、納税者の意向に沿うことなく調査が行われます。任意調査と根本的に異なるのは、強制調査は刑事罰を科すことを目的とすることです。

　従前は「国税犯則取締法」によっていましたが、同法は 2018 年（平成 30 年）に廃止され、同年 4 月 1 日以後は国税通則法に規定されました。

SECTION 2

質問検査権

1 質問検査権とは

(1) 国税通則法の質問検査権の規定

税務調査の基本は質問検査権にあります。

以前は具体的な質問検査権についての規定は各税法に規定されていましたが、2011年（平成23年）の国税通則法の改正により、ほぼ同様の内容で国税通則法に規定替えされました。例えば所得税法旧第234条、法人税法旧第153条、第154条、消費税法旧第62条は国税通則法第74条の2に、相続税法旧第60条は国税通則法第74条の3に移し替えられています。

(2) 質問検査権とは

質問検査権とは、国税庁、国税局もしくは税務署の職員が、所得税、法人税等の課税要件事実に関し必要な資料を収集する目的で納税者等に対し次の行為をすることです（通則法74の3①）。

　イ　質問する

　ロ　事業に関する帳簿書類その他の物件を検査する

　ハ　事業に関する帳簿書類その他の物件の提出を求める

(3) 罰則

行政庁職員である税務署員の行為であることから、強制力はありませんが、次の行為を行ったものに対して罰則があることから、間接的強制力を有しており強い質問検査力を担保しています（通則法128①）。罰則は、1年以下の懲役又は50万円以下の罰金です。なお、2025年（令和7年）6月1日以後「懲役は「拘禁刑」となります。

　①　更正請求書に偽りの記載をして税務署長に提出した者

　②　税務職員の質問検査権の規定による質問に対して次の行為があった者

イ　答弁をしない

ロ　偽りの答弁をする

ハ　検査、採取、移動の禁止もしくは封かんの実施を拒み、妨げもしくは忌避する

③　物件の提示若しくは提出又は報告の要求に対し、正当な理由がなくこれに応じず、偽りの記載若しくは記録をした帳簿書類その他の物件を提示、提出、若しくは偽りの報告をした者

(4) 質問検査権についての判例

質問検査権について、次の判例が参考になります。

【最高裁判決：1973 年（昭和 48 年）7 月 10 日】

　質問検査に応ずるか否かを相手方の自由に委ねる一方においてその拒否を処罰することとしているのは不合理であるとし、所得税法の前記規定の違憲（31 条）をいう点は、前記規定に基づく質問検査に対しては相手方はこれを受忍すべき義務を一般的に負い、その履行を間接的心理的に強制されているものであつて、ただ、相手方においてあえて質問検査を受忍しない場合にはそれ以上直接的物理的に右義務の履行を強制しえないという関係を称して一般に「任意調査」と表現されているだけのことであり、この間なんら実質上の不合理性は存しない。

(TAINS　Z999-9004)

2　相続税調査の質問検査権

相続税における質問検査権は、国税通則法第 74 条の 3 第 1 項第 1 号に次のように規定されています。法人税や所得税と異なり、調査対象の幅が広いことがわかります。

　国税庁等の当該職員は、相続税若しくは贈与税に関する調査若しくは相続税若しくは贈与税の徴収又は地価税に関する調査について必要があるときは、次の各号に掲げる調査又は徴収の区分に応じ、当該各号に定める者に質問し、第 1 号イ

に掲げる者の財産若しくは第2号イからハまでに掲げる者の土地等（地価税法第2条第1号（定義）に規定する土地等をいう。以下この条において同じ。）若しくは当該財産若しくは当該土地等に関する帳簿書類その他の物件を検査し、又は当該物件の提示若しくは提出を求めることができる。

一 相続税若しくは贈与税に関する調査又は相続税若しくは贈与税の徴収 次に掲げる者

イ 相続税法の規定による相続税又は贈与税の納税義務がある者又は納税義務があると認められる者（以下この号及び次項において「納税義務がある者等」という。）

ロ 相続税法第59条（調書の提出）に規定する調書を提出した者又はその調書を提出する義務があると認められる者

ハ 納税義務がある者等に対し、債権若しくは債務を有していたと認められる者又は債権若しくは債務を有すると認められる者

ニ 納税義務がある者等が株主若しくは出資者であったと認められる法人又は株主若しくは出資者であると認められる法人

ホ 納税義務がある者等に対し、財産を譲渡したと認められる者又は財産を譲渡する義務があると認められる者

ヘ 納税義務がある者等から、財産を譲り受けたと認められる者又は財産を譲り受ける権利があると認められる者

ト 納税義務がある者等の財産を保管したと認められる者又はその財産を保管すると認められる者

230

SECTION 3

実地調査

1 実地調査の規定

国税通則法第 74 条の 9 第 1 項では、税務署長等は、国税庁等の職員に納税義務者に対し実地調査を行わせる場合には、あらかじめ、その納税義務者に対し、その旨及び調査日時等を通知すると規定しています。また第 74 条の 11 第 1 項においても、税務署長等は、国税に関する実地調査を行った結果、更正決定等をすべきと認められない場合には、納税義務者に対し、その時点において更正決定等をすべきと認められない旨を書面により通知すると規定しています。

2 実地調査の意義

国税通則法第 74 条の 9 及び同法第 74 条の 11 に規定する「実地の調査」とは、国税の調査のうち、税務職員が納税義務者の支配・管理する場所（事業所等）等に臨場して質問検査等を行うものをいいます（手続通達 4-4）。

この実地調査の結果が毎年国税庁及び各国税局から公表されています。つまり、課税当局が捉えている「調査」とは「実地調査」のことをいうと考えていいでしょう。

我が国の税制の基盤である申告納税制度の維持向上は税務調査により担保されているといえます。この税務調査の根幹が実地調査で、納税者の申告内容の確認及び不正申告の是正を目途としています。また、国税職員の人員及び日数の制約があるため、全ての納税義務者の申告を調査することは不可能であることから、調査対象者を絞り深度ある調査をしています。調査結果を公表することにより、適正な申告及び納税を促しています。実地調査は、税務調査の要であり、いわば一罰百戒効果を狙っているともいえます。

3 調査の事前通知

　実地調査は、納税者に対して調査に着手する旨の事前通知をすることが大原則です。突然、事業所にやってきて、調査に応じろと言われても、事業者には様々な事情があります。また、課税庁にとっても、納税者が調査に応じられないことで多大なロスを生むことになります。そこで事前に調査に臨場する旨を納税者に伝えることとなっています（通則法74の9①）。

4 調査終了の手続き

　実地調査終了に当たっての手続きは次の通り詳細に規定されています（通則法74の11①②③）。

① 　税務署長等は、国税に関する実地調査を行った結果、更正決定等をすべきと認められない場合には、納税義務者に対し更正決定等をすべきと認められない旨を書面により通知する。

② 　国税に関する調査の結果、更正決定等をすべきと認める場合には、納税義務者に対し、更正決定等をすべきと認めた額及びその理由等、調査結果の内容を説明する。

③ 　②の説明をする場合、納税義務者に対し修正申告又は期限後申告を勧奨することができる。この場合、調査の結果に関し納税義務者が納税申告書を提出した場合には不服申立てをすることはできないが更正の請求をすることはできる旨を説明するとともに、その旨を記載した書面を交付しなければならない。

SECTION 4

実地調査以外の調査

　税務調査は実地調査だけではありません。申告書を審理した結果、書類の不備、申告書の簡易な計算誤り等がある事案があります。このような事案は放置できませんが、敢えて納税者の事務所や自宅に赴いて調査をするほどではない場合、納税者又は税務代理権限証書を提出している税理士に来署依頼（税務署に呼び出すこと）又は電話により書類確認や計算誤りを指摘します（以下「来署依頼等」といいます）。調査の一形態ではありますが、実地調査とは異なるため「実地調査以外の調査」の区分となります。各税目ともに「簡易な接触」と称しています。相続税の場合「事後処理」ということがあります。

SECTION 5

調査に該当しない行為

1 申告書の自発的見直し等

　税務署が文書、電話又は来署依頼により、申告書を自発的に見直すように促す行為は、調査に当たりません。納税者が自発的に見直して、修正申告書又は期限後申告書を提出することにより納付税額が増加若しくは発生したとしても調査によるものと取り扱われません。簡易な接触との境界が不明確ですが、実務的には申告指導という形をとっているようです。当然、見直しの依頼に応じなければ、調査着手となります。

2 調査に該当しない行為

　手続通達1-2では、調査に該当しない行為とは次のことを示しています。

　　当該職員が行う行為であって、次に掲げる行為のように、特定の納税義務者の課税標準等又は税額等を認定する目的で行う行為に至らないものは、調査には該当しないことに留意する。また、これらの行為のみに起因して修正申告書若しくは期限後申告書の提出又は源泉徴収等による国税の自主納付があった場合には、当該修正申告書等の提出等は更正若しくは決定又は納税の告知があるべきことを予知してなされたものには当たらないことに留意する。

(1)　提出された納税申告書の自発的な見直しを要請する行為で、次に掲げるもの。

イ　提出された納税申告書に法令により添付すべきものとされている書類が添付されていない場合において、納税義務者に対して当該書類の自発的な提出を要請する行為。

ロ　当該職員が保有している情報又は提出された納税申告書の検算その他の形式的な審査の結果に照らして、提出された納税申告書に計算誤り、転記誤り又は記載漏れ等があるのではないかと思料される場合において、納税義務者に対して自発的な見直しを要請した上で、必要に応じて修正申告書又は更正の請求書

の自発的な提出を要請する行為。

(2) 提出された納税申告書の記載事項の審査の結果に照らして、当該記載事項につき税法の適用誤りがあるのではないかと思料される場合において、納税義務者に対して、適用誤りの有無を確認するために必要な基礎的情報の自発的な提供を要請した上で、必要に応じて修正申告書又は更正の請求書の自発的な提出を要請する行為。

(3) 納税申告書の提出がないため納税申告書の提出義務の有無を確認する必要がある場合において、当該義務があるのではないかと思料される者に対して、当該義務の有無を確認するために必要な基礎的情報（事業活動の有無等）の自発的な提供を要請した上で、必要に応じて納税申告書の自発的な提出を要請する行為。

(4) 当該職員が保有している情報又は提出された所得税徴収高計算書の記載事項の確認の結果に照らして、源泉徴収税額の納税額に過不足徴収額があるのではないかと思料される場合において、納税義務者に対して源泉徴収税額の自主納付等を要請する行為。

(5) 源泉徴収に係る所得税に関して源泉徴収義務の有無を確認する必要がある場合において、当該義務があるのではないかと思料される者に対して、当該義務の有無を確認するために必要な基礎的情報（源泉徴収の対象となる所得の支払の有無）の自発的な提供を要請した上で、必要に応じて源泉徴収税額の自主納付を要請する行為。

質問検査等を行うことができる「当該職員」とは、国税庁、国税局若しくは税務署又は税関の職員のうち、その調査を行う国税に関する事務に従事している者をいいます（調査通達1-3）。

---

3 調査区分の判断

納税申告書について職員から問い合わせがあった場合、そのことが調査による問い合わせなのか、単に申告書の見直しを求められたものなのか判断ができないと困ります。例えば職員からの問い合わせで、単純な計算誤りが把握され、修正申告書を提出した場合、それに対して加算税が賦課されるか否かは大きな問題です。そのため、職員は調査又は行政指導を行う際にいずれに当たるかを

明示することとなっています。

参考「税務調査手続に関する FAQ　問 2」

問 2　税務署の担当者から電話で申告書の内容に問題がないか確認して、必要ならば修正申告書を提出するよう連絡を受けましたが、これは調査なのでしょうか。

　調査は、特定の納税者の方の課税標準等又は税額等を認定する目的で、質問検査等を行い申告内容を確認するものですが、税務当局では、税務調査のほかに、行政指導の一環として、例えば、提出された申告書に計算誤り、転記誤り、記載漏れ及び法令の適用誤り等の誤りがあるのではないかと思われる場合に、納税者の方に対して自発的な見直しを要請した上で、必要に応じて修正申告書の自発的な提出を要請する場合があります。このような行政指導に基づき、納税者の方が自主的に修正申告書を提出された場合には、延滞税は納付していただく場合がありますが、過少申告加算税は賦課されません（当初申告が期限後申告の場合は、無申告加算税が原則 5 ％賦課されます。）。

　なお、税務署の担当者は、納税者の方に調査又は行政指導を行う際には、具体的な手続に入る前に、いずれに当たるのかを納税者の方に明示することとしています。

236

第 **7** 章

加算税・延滞税

本章の概要

　否認事項がない場合それで調査が終わりますが、何らかの誤りがあった場合、更正、決定、修正申告又は期限後申告等（以下「修正申告等」といいます）により当初申告を是正しなければなりません。申告の是正により税額が増加する場合、加算税が賦課されます。

　相続税は、相続人の一人についての相続財産の申告漏れや財産の評価誤りでも、相続人全員の税額に影響があります。現行の相続税法は法定相続分課税方式を採用しており、相続税の計算において、相続人が取得した財産を合計して相続税の総額を算出するという特殊な計算をすることによります。

　加算税は、国税通則法に規定されており、申告を是正した場合等に賦課される付帯税です。原則的取扱いは国税通則法です。相続税は被相続人の死亡により複数の納税義務者が同時に発生し、遺産分割が確定しない場合、納付する税額が確定しません。未分割の場合、仮に法定相続分で分割が行われたとして納付する税額を計算する独特の課税方式となっています。修正申告又は期限後申告に対する加算税の賦課について独自の取扱いがあります。同一の被相続人から財産を取得した者であっても、加算税が異なることがあります。相続税独特の加算税の賦課についても解説します。

SECTION 1

加算税とは

1 加算税の意義

加算税とは、延滞税、利子税等の附帯税の一つであり、法定申告期限又は法定納期限を経過したときに賦課される賦課課税方式による国税のことをいいます。国税に関する法律の適正な執行を妨げる行為に対する制裁的措置の性格を有し、申告義務の適正な履行を確保し、国税に関する法律の適正な執行を円滑ならしめることを目的とするものです。

加算税を、過少に申告したことに対する「罰金」であると説明する調査官がいますが、これは大きな誤りです。あくまでも過少に申告したこと等に対する行政上の措置であり、納税者は罪を犯したわけではありません。加算税の有り様については多くの判例があります。

【参考判決：1964 年（昭和 39 年）2 月 18 日　最高裁】
（加算税は行政罰ではなく税の一種である）

　加算税の本質について考えてみるのに終戦後いわゆる申告納税制度が採用されてから日が浅く、国民納税義務の完遂を期することが困難であったので、納税の実を挙げるため所得税法上種々の措置がとられたのであったが、例えば申告書を提出したものに対する更正期間の短縮（昭和 26 年法第 63 号による追加、所得税法第 46 条の 3）、申告書提出者に対する純損失の繰越控除（9 条の 2）、過少、無申告者に対する加算税の課税（57 条）等がそれであるが、之は孰れも申告義務を担保するための方策であり加算税はその中の一措置であった〔最高判昭和 33.4. 30 言渡、昭和 29（オ）236 号参照〕このことは例えば所得税法が加算税を税として規定し、之を第 8 章の罰則に設けることを避け、第 7 章の雑則中に規定していることからも之を罰とせず、税として課する趣旨であることが窺われる（最高判昭和 33.4. 30 言渡事件における下飯坂裁判官の補充意見御参照）し、昭和 37 年 4 月 1 日施行の新国税通則法（昭和 37 年法第 66 号）においては明文で第 6 章附

240

帯税、第2節加算税の項目中に第65条（過少申告加算税）、第66条（無申告加算税）、第67条（不納付加算税）、第68条（重加算税）をそれぞれ列挙し、第69条において加算税の各税目はその額の計算の基礎となる種類の属する税目の国税とする旨の規定を置き、従前の解釈を確認的に明文化したことからも明白なところである。

(TAINS　Z038-1270)

【参考判決：1990年（平成2年）10月25日　最高裁】
（加算税は特別の経済的負担である）

　加算税制度は、申告納税制度を確保するための制度として採用されたものである。すなわち「申告義務および徴収納付義務違反に対して特別の経済的負担を課すことによって、それらの義務の履行の確保をはかり、ひいてはこれらの制度の定着を促進しようとしたのが、加算税の制度である」といわれている。

(TAINS　Z181-6587)

2　加算税の種類及び改正の変遷

(1) 加算税の種類

　修正申告書又は期限後申告書を提出した場合又は更正又は決定処分を受けた場合、修正申告等の態様に応じた加算税が賦課されます。加算税は国税通則法に規定されており、次のとおり4種類の態様があります。このうち、相続税の調査により賦課されるのは、過少申告加算税、無申告加算税及び重加算税です。近年加算税の賦課基準が強化されています。昭和37年に国税通則法が制定されて以来、加算税の種類の増減はありません。

加算税	概要	国税通則法
過少申告加算税	修正申告書の提出又は更正があった場合	第 65 条
無申告加算税	期限後申告書の提出又は決定があった場合及びその後の修正申告書の提出又は更正があった場合	第 66 条
不納付加算税	源泉徴収による国税が法定納期限までに完納されなかった場合	第 67 条
重加算税	隠ぺい又は仮装した申告書の提出があった場合	第 68 条

(2) 改正の変遷

加算税の改正

改正年	過少申告加算税	加算税	無申告加算税	加算税
1962 年 (昭和 37 年)	・更正を予知せずに修正申告書の提出があった場合 ・更正を予知した後に修正申告書の提出があった場合	対象外 5 %	・決定を予知せずに期限後申告書の提出があった場合 ・決定を予知した後に期限後申告書を提出した場合	5 % 10 %
1984 年 (昭和 59 年)	・期限内申告税額と 50 万円のいずれか多い額を超える部分	10 %		
1987 年 (昭和 62 年)	・更正を予知した後に修正申告書の提出があった場合 ・期限内申告税額と 50 万円のいずれか多い額を超える部分	10 % 15 %	・決定を予知した後に期限後申告書を提出した場合	15 %
2006 年 (平成 18 年)			・法定申告期限内に申告する意思があったと認められる場合 ・50 万円を超える部分	対象外 20 %
2017 年 (平成 29 年)	・調査の通知以前 ・調査の通知以後更正予知前 期限内申告税額と 50 万円のいずれか多い額を超える部分 ・調査による更正予知以後 期限内申告税額と 50 万円のいずれか多い額を超える部分	対象外 5 % 10 % 10 % 15 %	・調査の通知以前 ・調査の通知以後決定予知前 50 万円を超える部分 ・調査による決定予知以後 50 万円を超える部分	5 % 10 % 15 % 15 % 20 %
			期限後申告等があった日の5年前の日までの間に、同じ税目で無申告加算税又は重加算税を課された（徴収された）ことがあるとき	10 % 加算
2024 年 (令和 6 年)	・質問検査権に基づく帳簿等の提出要請に対し不提出等の場合（所得税・法人税・消費税）	5 % 加算	・質問検査権に基づく帳簿等の提出要請に対し不提出等の場合（所得税・法人税・消費税）	10 % 加算
			・前年及び前々年に更正等予知による無申告加算税又は重加算税が課されたことがある場合	10 % 加算

(昭和年代の資料は税務大学校論文「加算税制度が納税者の税務コンプライアンスに及ぼす影響」を参考にした。)

3 加算税の対象者

(1) 納税者

納税者とは、国税に関する法律の規定により国税（源泉徴収による国税を除きます）を納める義務がある者（国税徴収法に規定する第2次納税義務者及び国税の保証人を除きます）及び源泉徴収等による国税を徴収して国に納付しなければならない者をいいます（通則法2⑤）。

(2) 相続税の納税義務者

相続税における納税義務者とは、相続又は遺贈により財産を取得した者です（相続税法1の3、以下「相続人等」といいます）。相続税は、被相続人から財産を取得する者が複数いる場合が多く、当然納税義務者も複数発生します。相続財産の申告漏れ又は過少申告であった者が増加した税額に対して納税の責を負います。ただし、相続税は「法定相続分課税方式」であることから、相続又は遺贈により財産を取得した全ての者の課税価格を合計して相続税を計算します。相続人等の一人が相続財産を隠匿した場合、他の相続人等の税額が増加することが大半です。この辺が相続税の取扱いについて勘違い若しくは苦慮するポイントです。

相続税の調査は、相続開始日現在に被相続人が所有していた財産を取得した相続人等が対象です。しかし、実際の調査は相続開始日に至るまでの財産の運用状況が中心です。そのため調査対象となっているのは被相続人であるとよく勘違いされます。

かいつまんでいいますと、次の通りです。

① 納税義務者は財産を取得した相続人等である

② 調査の対象者は財産を取得した相続人等であり、被相続人ではない

③ 調査される財産は「相続又は遺贈により取得した財産」（相続税法2①）である

④ 相続税調査は、被相続人の生前の財産の管理状況及び運用状況を調査することから、相続財産の隠匿は被相続人の行為と勘違いする

(3) 調査の主体

　甲税務署管内の被相続人Aの相続税調査において、乙税務署管内の相続人B
に対するAからの贈与が把握されることは珍しいことではありません。Bが甲
税務署の調査の指摘に従って贈与税の修正申告等をした場合、加算税の賦課の
対象にはなりません（期限後申告の場合、5％の無申告加算税は賦課されます）。

　加算税は、納税義務者を管轄する税務署の調査官の調査に基づいて賦課され
ているものであるからです（昭和46年8月9日裁決）。

4　調査通知（事前通知）

(1) 調査通知とは

　調査通知とは、国税通則法第74条の9第1項第1号、第4号及び第5号（納
税義務者に対する調査の事前通知等）に掲げる事項その他政令で定める調査の
通知のことをいいます。

(2) 調査通知の規定

　国税通則法第74条の9第1項では調査を着手するにあたって、納税者に対し
て調査に関する通知をするよう規定しています。

　税務署長等は、国税庁等又は税関の当該職員に納税義務者に対し実地の調査に
おいて第74条の2から第74条の6まで（当該職員の質問検査権）の規定による
質問、検査又は提示若しくは提出の要求（以下「質問検査等」という。）を行わせ
る場合には、あらかじめ、当該納税義務者（当該納税義務者について税務代理人
がある場合には、当該税務代理人を含む。）に対し、その旨及び次に掲げる事項
を通知するものとする。

　1　質問検査等を行う実地の調査（以下この条において単に「調査」という。）
　　を開始する日時
　2　調査を行う場所
　3　調査の目的
　4　調査の対象となる税目
　5　調査の対象となる期間
　6　調査の対象となる帳簿書類その他の物件

7　その他調査の適正かつ円滑な実施に必要なものとして政令で定める事項

(3) 調査通知と加算税

　平成28年度の税制改正により、国税通則法の一部が改正され、その中で加算税制度の見直しが行われました。調査通知は、いわば課税庁の調査着手宣言です。調査通知があった場合、当初の申告内容が全面的に見直されることを意味します。当初申告の誤りや、申告すべきことを知っていて放置しており、調査により是正を求められることが確実であるような場合、修正申告等を行うことがあります。従前は調査の連絡があって、修正申告を提出しても原則として自主申告扱いとなり加算税は賦課されませんでした。修正申告書等の提出が調査通知の前に自主的になされる場合と、調査通知があってなされる場合とでは、自主的に申告を見直して是正する者と、あわよくば、を狙っている者との相違があります。そこで、調査通知があり更正を予知していなくて修正申告等をした場合、次の通り、過少申告加算税及び無申告加算税を賦課することになりました。

①　修正申告書が、調査通知以後に提出され、かつ、その提出が調査による更正を予知してされたものでない場合には、その申告に基づいて納付すべき税額に5％の割合を乗じて計算した金額に相当する過少申告加算税を課すこととされました。なお、納付すべき税額が期限内申告税額と50万円のいずれか多い額を超える部分（以下「加重される部分」といいます）は10％の割合です。

②　期限後申告書（その修正申告書を含みます）についても、調査通知以後に提出され、かつ、その提出が調査による更正又は決定を予知してされたものでない場合には、その申告に基づいて納付すべき税額に10％の割合を乗じて計算した金額に相当する無申告加算税を課すこととされました。なお、加重される部分は15％の割合です。

(4) 加算税の賦課割合

加算税の賦課割合は次の表の通りです。

修正申告等の時期	過少申告加算税 加重される部分	無申告加算税 加重される部分
法定申告期限等の翌日から調査通知前まで	賦課されない	5 %
調査通知以後から調査による更正等予知前まで	5 %	10 %
	10 %	15 %
調査による更正等予知以後	10 %	15 %
	15 %	20 %
		30 %

---

5 調査終了から加算税までの流れ

調査が開始し、修正申告書又は期限後申告書を提出した後の過少申告加算税、無申告加算税又は重加算税が賦課されるまでの流れは次のようになります。

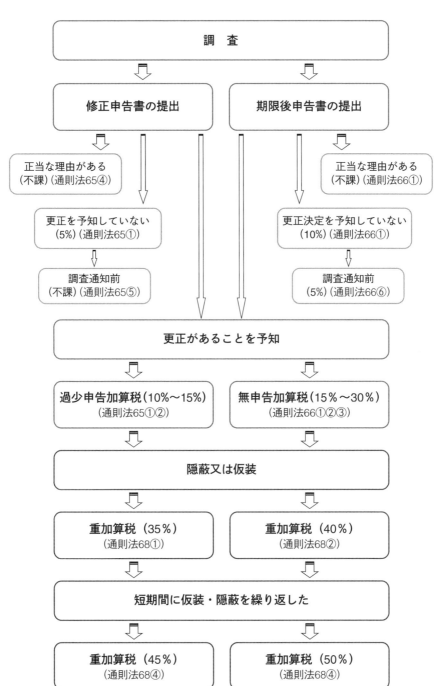

SECTION 2

過少申告加算税

過少申告加算税

1 過少申告加算税とは

(1) 過少申告加算税の賦課理由

過少申告加算税とは、国税通則法第65条に規定されており、過少申告による納税義務の違反者に対し課されるものであり、当初から適法に申告し納税した納税者との間の客観的不公平の実質的な是正を図るとともに、国税に関する法律の適正な執行を円滑にならしめることを目的とした行政上の措置のことをいいます。次の裁判例があります。

【参考判決：2006年（平成18年）4月26日　東京高裁】

過少申告加算税は、重加算税とともに、申告義務の適正な履行を確保し、申告納税制度の定着を図るための経済的負担であり、処罰ないし制裁の要素は少ないが、いずれも、過少申告に対して経済的不利益を与えるものであるから、過少申告に対する行政上の制裁としての面を有する。ただし、課税標準等又は税額等の計算の基礎となるべき事実の全部又は一部の隠ぺい又は仮装に基づいて申告書を提出した場合の重加算税（通則法68条1項）とは異なり、過少申告加算税は納税者の悪質性に対する制裁ではなく、適正な申告を担保することを目的とする。

(TAINS Z256-10378)

【参考判決：2006年（平成18年）4月20日　最高裁】

初めから適法に申告・納税した者とこれを怠った者との経済的負担を同一とすると、結果的に前者が後者より有利となることがなく、かえって更正処分等が行

われない限り後者が前者より有利になるという不公平が生ずるため、申告納税制度に対する信頼が失われ、適正な期限内申告の実現を期し難い。そこで、期限内申告によらないで確定した本税については、一定の割合を乗じて計算した特別な経済的負担を課する過少申告加算税制度を設けることにより、その不公平を制度的に是正し、これにより申告納税制度に対する信用を維持し、適正な期限内申告の実現を図ることを目的としたものである。

(TAINS Z256-10374)

(2) 過少申告加算税の賦課要件

過少申告加算税が賦課される要件は次の通りです。

① 期限内申告書が提出されていること

② 調査があったこと

③ 期限内申告書に記載された税額が過少であったこと又は還付請求申告書の請求金額が過大であったこと

④ ③の事由により、修正申告書の提出又は更正があったこと

2 過少申告加算税の賦課要件と課税率

(1) 修正申告書の提出、又は更正があった場合（原則）

修正申告書の提出又は更正があった場合は、原則として追加納付すべき税額の10％が賦課されます。一般的な調査においては10％ですが、納税額によっては、加重加算税が賦課される場合があります。

【賦課要件】

期限内申告書（還付請求申告書を含みます）が提出された場合（期限後申告書が提出された場合、国税通則法第66条第1項ただし書又は第7項の規定の適用があるときを含みます）において、修正申告書の提出又は更正があったとき（通則法65①）。

【賦課割合】

納付すべき税額の10％。

249

【加重加算税】

　国税通則法第65条第1項に該当する場合（国税通則法第65条第5項の適用がある場合を除きます）、納付すべき税額（修正申告又は更正前にその修正申告又は更正に係る国税について修正申告書の提出又は更正があったときは、その国税に係る累積増差税額を加算した金額）がその国税に係る期限内申告税額に相当する金額と50万円とのいずれか多い金額を超えるときは、超える部分に相当する税額に100分の15の割合を乗じて計算した金額が加重されて賦課される（通則法65②）。なお、国外財産調書及び財産債務調書に係る加算税の取扱いについては第1章Section8を参照のこと。

　加重加算税とは具体的には次の通り。

申告区分	税額	加重対象税額他	課税割合	加算税額	納付する加算税
修正申告	150万円	50万円	15％	7.5万円	17.5万円
		100万円	10％	10万円	
期限内申告	100万円	―	―	―

(2) 正当な理由がある期限後申告書を提出した後、修正申告書を提出した場合

【賦課要件】

　期限後申告書を提出したことについて国税通則法第65条第1項のただし書の適用を受けて過少申告加算税を賦課され、その後修正申告書を提出した場合、その増加税額に対しては過少申告加算税が賦課される。

【賦課割合】

　納付すべき税額の10％。

(3) 調査通知があった後の修正申告書の提出が更正を予知したものでない場合

【賦課要件】

　修正申告書の提出が、その申告に係る国税についての調査通知があった後で、更正があるべきことを予知してされたものでないとき（通則法65①かっこ書き）。

【賦課割合】

納付すべき税額の5％。

3 過少申告加算税が賦課されない場合

修正申告書の提出があった場合であっても次に該当する場合は、過少申告加算税は賦課されません。

(1) 正当な理由がある場合

【賦課されない場合】

国税通則法第65条第1項又は第2項に規定する納付すべき税額の計算の基礎となった事実のうちに、その修正申告又は更正前の税額（還付金の額に相当する税額を含む）の計算の基礎とされていなかったことについて正当な理由があると認められるものがある場合（通則法65④）。

【賦課されない部分】

正当な理由があると認められる部分。

【正当な理由とは】

過少申告加算税が賦課されない事由である「正当な理由」については、裁決・判決事例が数多くある。一般的に正当な理由とは、過少申告であったことが、真に納税者の責めに帰することのできない客観的な事情があり、納税者側の主観的な事情や法の不知や誤解は含まれないとされている。過少申告加算税の趣旨に照らしても、なお、納税者に過少申告加算税を賦課することが不当又は酷になる場合をいう。

(2) 調査通知がある前に修正申告書が提出された場合

修正申告書（期限後申告に係るものを除きます）の提出が、国税についての調査があったことによりその国税について更正があるべきことを予知してされたものでない場合で、調査通知がある前に行われたものであるときは、過少申告加算税は賦課されません（通則法65①かっこ書き）。

相続税における過少申告加算税

相続税に適用される過少申告加算税は、国税通則法第65条に同じです。詳細な取扱いは平成12年7月3日付（令和5年6月23日改正）事務運営指針「相続税、贈与税の過少申告加算税及び無申告加算税の取扱いについて」において公表されており、その内容は次の通りです。この事務運営指針のポイントは「正当な理由」及び「調査通知」です。

1 通則法第65条第5項第1号の正当な理由があると認められる事実

国税通則法第65条の規定の適用にあたり、例えば、納税者の責めに帰すべき事由のない次のような事実は、同条第5項第1号に規定する正当な理由があると認められる事実として取り扱われます。

① 税法の解釈に関し申告書提出後、新たに法令解釈が明確化されたため、その法令解釈と納税者の解釈とが異なることとなった場合に、その納税者の解釈について相当の理由があると認められること。

なお、税法の不知若しくは誤解又は事実誤認に基づくものはこれに当たらない。

納税者とは、相続人又は受遺者から遺産（債務及び葬式費用を含む）の調査、申告等を任せられた者、又は受贈者から受贈財産（受贈財産に係る債務を含む）の調査、申告等を任せられた者を含む。以下同様。

② 災害又は盗難等により、申告当時課税価格の計算の基礎に算入しないものについて、その後、予期しなかった損害賠償金等の支払を受け、又は盗難品の返還等を受けたこと。

③ 相続税の申告書の提出期限後において、次に掲げる事由が生じたこと。

イ 相続税法第51条第2項各号（延滞税の特則）に掲げる事由

ロ 保険業法第270条の6の10第3項に規定する「買取額」の支払いを受けた場合

2 通則法第65条第項又は第6項の更正予知

　国税通則法第65条第1項又は第6項の規定を適用する場合、その納税者に対する臨場調査、その納税者の取引先に対する反面調査又はその納税者の申告書の内容を検討した上での非違事項の指摘等により、その納税者が調査があったことを了知したと認められた後に修正申告書が提出された場合、原則として、これらの規定に規定する「更正があるべきことを予知してされたもの」に該当します。ただし、臨場のための日時の連絡を行った段階で修正申告書が提出された場合には、原則として「更正があるべきことを予知してされたもの」に該当しません。

3 通則法第65条第6項の調査通知に関する留意事項

　課税庁職員が、国税通則法第65条第6項に規定する調査通知を行う場合、次の点に留意することとなっています。

①　国税通則法第65条第6項の規定は、納税義務者（国税通則法第74条の9第5項に規定する場合に該当するときは、納税義務者又は同項に規定する税務代理人）に対して調査通知を行った時点から、適用されない。

　(注) 1　この場合の税務代理人とは、調査通知を行う前に提出された国税通則法施行規則第11条の4第1項に規定する税務代理権限証書（同項に規定する納税義務者への調査の通知は税務代理人に対してすれば足りる旨の記載があるものに限ります）に係る税務代理人（以下「同意のある税務代理人」という）をいう。

　　　2　同意のある税務代理人が数人ある場合には、いずれかの税務代理人（国税通則法第74条の9第6項に規定する代表する税務代理人を定めた場合は代表する税務代理人）に対して調査通知を行った時点から、国税通則法第65条第6項の規定は適用されない。

②　調査通知を行った場合、調査通知後に修正申告書が提出されたときは、実地の調査が行われたかどうかにかかわらず、通則法第65条第6項の規定の適用はない。

③　調査通知後の修正申告書の提出が、次に掲げる場合には、調査通知があ

る前に行われたものとして取り扱われる。

イ　調査通知に係る調査について、国税通則法第74条の11第1項の通知をした後又は同条第2項の調査結果の説明に基づき納税義務者から修正申告書が提出された後若しくは国税通則法第29条第1項に規定する更正若しくは同法第32条第5項に規定する賦課決定をした後に修正申告書が提出された場合

ロ　修正申告書が、例えば、所得税及び復興特別所得税について更正の請求に基づく減額更正が行われたことに伴い提出された場合

　　ただし、その修正申告書に減額更正に係る部分以外の部分が含まれる場合、その部分以外の部分は、調査通知がある前に行われたものとして取り扱われない。

SECTION 3

無申告加算税

無申告加算税

1 無申告加算税とは

(1) 無申告加算税の賦課理由

無申告加算税とは、国税通則法第66条に規定されており、本来申告及び納税の義務を要するものが申告期限内に申告書を提出しておらず、期限を徒過した後に期限後申告書又は決定により新たに税額が算出された場合に賦課される国税です。申告期限内に申告をした納税者と客観的な不公平が生じることによる行政上の措置です。

(2) 無申告加算税の賦課要件

無申告加算税が賦課される要件は次の通りです。

① 申告期限内に申告する義務があること

② 申告期限内に申告書の提出がなかったこと

③ 期限後申告書が提出されたこと又は決定若しくは更正があったこと

2 無申告加算税の賦課要件と課税率

(1) 期限後申告書の提出、又は決定若しくは更正があったこと

期限後申告書の提出又は決定若しくは更正があった場合、原則として納付すべき税額の15％が賦課されます。近年は無申告者に対する課税庁の姿勢が厳しくなっており、その一環として、無申告加算税の賦課割合も、納付税額の30％まで上昇しています。

【賦課要件】

255

次のイ又はロに該当した場合（通則法66①）

イ　期限後申告書の提出又は国税通則法第25条（決定）の規定による決定
　　があった場合

ロ　期限後申告書の提出又は国税通則法第25条の規定による決定があっ
　　た後に修正申告書の提出又は更正があった場合

【賦課割合】

納付すべき税額の15％。

【加重加算税】

　国税通則法第66条第1項の規定に該当する場合、加算後累積納付税額（加
算後累積納付税額の計算の基礎となった事実のうちに同項各号に規定する申
告、更正又は決定前の税額（還付金の額に相当する税額を含む。）の計算の
基礎とされていなかったことについて納税者の責めに帰すべき事由がないと
認められるものがあるときは、その事実に基づく税額として政令で定めると
ころにより計算した金額を控除した税額）が300万円を超えるときは、同項
の無申告加算税の額は、第66条第1項第2項の規定にかかわらず、加算後
累積納付税額を次の各号に掲げる税額に区分してそれぞれの税額に各号に定
める割合（期限後申告書又は第1項第2号の修正申告書の提出が、更正又は
決定があるべきことを予知してされたものでないときは、その割合から100
分の5の割合を減じた割合。以下この項において同じ。）を乗じて計算した金
額の合計額から累積納付税額を各号に掲げる税額に区分してそれぞれの税額
に各号に定める割合を乗じて計算した金額の合計額を控除した金額とする。

税額	課税割合
50万円以下の部分	100分の15
50万円を超え300万円以下の部分	100分の20
300万円を超える部分	100分の30

　この規定は、2024年（令和6年）1月1日以後に法定申告期限が到来する国
税について適用される。

加重加算税とは具体的には次の通り。

申告区分	税額	加重対象税額他	課税割合	加算税額	納付する加算税
期限後申告	500万円	200万円	30 %	60万円	
		250万円	20 %	50万円	117.5万円
		50万円	15 %	7.5万円	

(2) 期限後申告書の提出が更正を予知したものでない場合

【賦課要件】

期限後申告書又は上記(1)①ロの修正申告書の提出が、調査があったことによりその国税について更正又は決定があるべきことを予知してされたものでないとき（通則法66①かっこ書き）。

【賦課割合】

納付すべき税額の 10 %。

(3) 調査通知がある前に修正申告書が提出された場合

【賦課要件】

期限後申告書又は上記(1)①ロの修正申告書の提出が、国税についての調査があったことによりその国税について更正又は決定があるべきことを予知してされたものでない場合で、調査の通知がある前に行われたものであるとき（通則法66⑧）。

【賦課割合】

納付すべき税額の 5 %。

---

3 無申告加算税が賦課されない場合

(1) 正当な理由がある場合

【賦課されない部分】

正当な理由があると認められる部分については賦課されない。

【要件】

申告書の退出が期限内に行われなかったことについて正当な理由があると

認められるものがある場合（通則法 66 ①）。

(2) 期限後申告書を提出したことが、一定の要件に該当する場合

【要件】

　期限後申告書の提出が、次の要件を全て満たす場合無申告加算税は賦課されない（通則法 66 ⑨）。

　　イ　決定があるべきことを予知して提出されたものでないこと

　　ロ　期限内申告書を提出する意思があったと認められること

　　ハ　次のいずれにも該当すること（通則法令 27 の 2 ①）

　　　・期限後申告書の提出があった日の前日から起算して 5 年前の日までの間に、その期限後申告書に係る国税の属する税目について、国税通則法第 66 条第 1 項第 1 号に該当することにより無申告加算税又は重加算税を課されたことがなく、同条第 7 項の規定の適用を受けていないこと

　　　・期限後申告書に係る納付すべき税額の全額が法定納期限までに納付されていた場合又は税額の全額に相当する金銭が法定納期限までに国税通則法第 34 条の 3 第 1 項第 1 号（納付受託者に対する納付の委託）の規定による委託に基づき納付受託者に交付されていた場合若しくは税額の全額について法定納期限までに同項（第 2 号に係る部分に限る）の規定により納付受託者が委託を受けていた場合

　　ニ　法定申告期限から 1 か月を経過する日までに提出されたこと

4　無申告加算税のまとめ

　従来から所得税の課税を緩和することに工夫を凝らす納税者は数多います。しかし、申告そのものを避ける者も多くいます。もし、税務調査で見つかったとしても納税額の 15 ％を支払えばいいだろうと考える者が後を絶ちません。そこで近年、常習的無申告者や高額な所得の無申告者に対して厳しく無申告加算税を賦課する方向で国税通則法が改正されています。賦課については拡大の一途です。次の区分を参考にしてください。

賦課の区分	期限後申告等の時期		課税割合	通則法 第66条
賦課されない	・期限内申告がなかったことに正当な理由がある		—	第1項
	・法定申告期限から1か月を経過する日までに期限後申告書を提出		—	第9項
賦課される	・法定申告期限等の翌日から調査通知前まで		5%	第8項
	・調査通知以後から調査による更正等予知されたものでない時まで		10%	第1項 かっこ書き
	・調査通知後期限後申告書等を提出した時まで （更正等を予知していた場合）		15%	第1項
	加重部分	・期限内申告税額と50万円を超え300万円以下の部分	20%	第3項
		・期限内申告税額と300万円超の部分	30%	第3項
	・過去5年以内に所得税について更正等予知による無申告加算税又は重加算税を賦課されたことがあるとき		10%加算	第6項 第1号
	・期限後申告書に係る年分の前年及び前々年に更正等予知による無申告加算税又は重加算税が課されたことがあるとき		10%加算	第6項 第2号

相続税における無申告加算税

相続税に適用される無申告加算税は、国税通則法第66条に同じです。詳細な取扱いは平成12年7月3日付（令和5年6月23日改正）事務運営指針「相続税、贈与税の過少申告加算税及び無申告加算税の取扱いについて」において公表されており、その内容は次の通りです。

1 通則法第66条第1項の正当な理由があると認められる事実

国税通則法第66条の規定を適用する場合、災害、交通・通信の途絶その他期限内に申告書を提出しなかったことについて真にやむを得ない事由があると認

められるときは、期限内申告書の提出がなかったことについて正当な理由があるものとして取り扱われます。

なお、相続人間に争いがある等の理由により、相続財産の全容を知り得なかったこと又は遺産分割協議が行えなかったことは、正当な理由に当たりません。

2 通則法第66条第1項、第3項、第6項、第8項又は第9項の更正等予知

過少申告加算税における更正を予知しない場合の取扱いは、国税通則法第66条第1項、第3項、第6項、第8項又は第9項の規定を適用する場合、期限後申告書又は修正申告書の提出が決定又は更正があるべきことを予知してされたものである場合の判定について準用します。

3 通則法第66条第3項の納税者の責めに帰すべき事由がないと認められる事実等

通則法第66条第1項の規定に該当する場合に、前記「相続税における過少申告加算税1」に掲げるような事実があると認められるときは、同条第3項の「加算後累積納付税額の計算の基礎となった事実のうちに（……）納税者の責めに帰すべき事由がないと認められるものがあるとき」に該当するものとして取り扱います。

(注)　通則法第66条第7項において準用する通則法第65条第5項（第1号に係る部分に限る。）の規定の適用がある場合に、同号に規定する「正当な理由があると認められる事実に基づく税額」は、通則法第66条第2項に規定する加算後累積納付税額には含まれないので、その事実に基づく税額は同条第3項の「納税者の責めに帰すべき事由がないと認められる事実に基づく税額」に含まれないことに留意する。

4 期限後申告書の提出又は決定があった場合における通則法第66条第3項の規定の適用に関する留意事項

通則法第66条第1項第1号に該当する場合、期限後申告又は決定前の税額

（還付金の額に相当する税額を含む。）は存在しないので、その場合、同条第2項に規定する加算後累積納付税額の計算の基礎となった事実については、その全てが、同条第3項の「申告、更正又は決定前の税額（還付金の額に相当する税額を含む。）の計算の基礎とされていなかったこと」となることに留意します。

5　通則法第66条第6項の規定の適用に当たっての留意事項

通則法第66条第6項の規定の適用に当たっては、次の点に留意します。

① 通則法第119条第4項の規定により無申告加算税又は重加算税の全額が切り捨てられた場合、無申告加算税等（通則法第66条第6項第1号に規定する無申告加算税等をいう。）を課されたことがある場合に該当せず、通則法第119条第4項の規定により無申告加算税又は重加算税の全額が切り捨てられた、又は切り捨てられる場合には、特定無申告加算税等（通則法第66条第6項第2号に規定する特定無申告加算税等をいう。以下同じ。）を課されたことがあり、又は特定無申告加算税等に係る賦課決定をすべきと認める場合に該当しない。

② 相続税は課税期間のない国税に該当するため、その相続税の納税義務が成立した日の属する年の前年及び前々年のいずれにも別の相続税の納税義務が成立している場合に限り、通則法第66条第6項第2号の規定の適用を判定する。

6　通則法第66条第8項の調査通知に関する事項

過少申告加算税についての調査通知に関する留意事項は、調査通知を行う場合の国税通則法第66条第6項の規定の適用について準用されます。

7　無申告加算税を課す場合の留意事項

国税通則法第66条の規定による無申告加算税を課す場合には、次の点に留意することとなっています。

① 申告書が期限後に提出され、その期限後に提出されたことについて国税通則法第66条第1項ただし書に規定する正当な理由があると認められた場合又は同条第9項の規定の適用があった場合において、更に修正申告書の提出があり、又は更正があったときは、修正申告又は更正により納付することとなる税額については、無申告加算税を課さないで国税通則法第65条の規定による過少申告加算税が課されます。

② 国税通則法第66条第7項において準用する同法第65条第5項第1号に定める正当な理由があると認められる事実は、過少申告加算税について定めた事実とします。詳細は252ページを参照してください。

SECTION 4

重加算税

重加算税

1 重加算税とは

(1) 重加算税の目的

　重加算税の制度は、納税者が過少申告又は無申告であることについて隠蔽又は仮装（以下「隠蔽仮装」といいます。）という不正手段を用いていた場合に、過少申告加算税又は無申告加算税（以下、この項において「過少申告加算税等」といいます）よりも重い行政上の制裁を課すことによって、悪質な納税義務違反の発生を防止し、申告納税制度による適正な徴税の実現を確保しようとするものです。適正な申告を行った納税義務者との公平負担を図るとともに、歳入を効率的に確保するため、行政庁に過大な負担をかけることに対する行政措置として違反者に課するものです。

(2) 重加算税と過少申告加算税等との関係

　過少申告加算税等と重加算税とは、ともに申告納税方式による国税について過少な申告若しくは無申告である納税者に対する行政上の制裁として賦課されるものです。同一の修正申告、更正又は期限後申告、決定に係るものである限り、その賦課及び税額計算の基礎を同じくします。重加算税は、過少申告加算税等の賦課要件に該当することに加えて、納税者がその国税の課税標準等又は税額等の計算の基礎となるべき事実の全部又は一部を隠蔽仮装したところに基づき納税申告書を提出するという不正手段を用いる等、特別の事由が存する場合に、過少申告加算税等におけるよりも重い比率を乗じた制裁を課することとしたものです。過少申告加算税等と重加算税は相互に無関係な別個独立の処分

263

ではなく、過少申告加算税等として賦課されるべき一定の税額に加重額に当たる一定の金額を加えた額の税を賦課する処分として、過少申告加算税等の賦課に相当する部分をその中に含んでいます。重加算税と他の加算税が併課されないという考え方は1962年（昭和37年）の国税通則法の制定以来変わっていません。重加算税の「重」とは重いことですが、過少申告加算税等に「重ねる」構造となっています。

2 重加算税の賦課要件

　重加算税の賦課については、裁決判決事例が数多あります。これはとりもなおさず重加算税賦課の定型的な認定が課税庁にとって非常に困難であることを意味しています。しかし、国税を脱漏しようとする納税者もいることも事実であり、それを放置しておくことは課税の公平が保たれません。また、国税は所得税、法人税、相続税等多岐に分かれており、国税を脱漏する動機や環境も区々です。国税通則法は「隠蔽し、又は仮装していたとき」と規定しているだけで、隠蔽仮装行為の認定は裁決・判決に任せられている状況です。

　重加算税の賦課要件は、次の最高裁判決（1995年（平成7年）4月28日）がベースとなります。

　重加算税を課するためには、納税者のした過少申告行為そのものが隠ぺい、仮装に当たるというだけでは足りず、過少申告行為そのものとは別に、隠ぺい、仮装と評価すべき行為が存在し、これに合わせた過少申告がされたことを要するものである。しかし、右の重加算税制度の趣旨にかんがみれば、架空名義の利用や資料の隠匿等の積極的な行為が存在したことまで必要であると解するのは相当でなく、納税者が、当初から所得を過少に申告することを意図し、その意図を外部からもうかがい得る特段の行動をした上、その意図に基づく過少申告をしたような場合には、重加算税の右賦課要件が満たされるものと解すべきである。

（TAINS Z209-7518）

　最高裁判決を分解すれば、重加算税の賦課には次のように形式的要件及び実

質的要件の充足が必要です。

| 重加算税 | **形式的要件**
① 隠蔽、仮装と評価すべき行為が存在すること。
② 過少申告であったこと。 |
| | **実質的要件**
① 当初から所得を過少に申告することを意図したこと。
② その意図を外部からもうかがい得る特段の行動をしたこと。
③ その意図に基づく過少申告をしたこと。 |

3　国税通則法の規定

　重加算税賦課について、国税通則法第68条第1項において申告が過少申告加算税に該当する場合、第2項において無申告加算税に該当する場合の重加算税の賦課について規定しています。

(1)　過少申告加算税の規定に該当する場合

　国税通則法第65条第1項（過少申告加算税）の規定に該当する場合（修正申告書の提出が、その申告に係る国税についての調査があったことによりその国税について更正があるべきことを予知してされたものでない場合を除きます）、納税者がその国税の課税標準等又は税額等の計算の基礎となるべき事実の全部又は一部を隠蔽仮装し、その隠蔽仮装したところに基づき納税申告書を提出していたときは、過少申告加算税の額の計算の基礎となるべき税額に係る過少申告加算税に代え、100分の35の割合を乗じて計算した金額に相当する重加算税が課されます。つまり、重加算税が賦課される部分については過少申告加算税が賦課されません。無申告加算税についても同様です。

(2)　無申告加算税の規定に該当する場合

　国税通則法第66条第1項（無申告加算税）の規定に該当する場合（同項ただし書若しくは同条第9項の規定の適用がある場合又は納税申告書の提出が、その申告に係る国税についての調査があったことにより国税について更正又は決定があるべきことを予知してされたものでない場合を除きます）、納税者がそ

の国税の課税標準等又は税額等の計算の基礎となるべき事実の全部又は一部を隠蔽仮装し、その隠蔽仮装したところに基づき法定申告期限までに納税申告書を提出せず、又は法定申告期限後に納税申告書を提出していたときは、その納税者に対し、政令で定めるところにより、無申告加算税の額の計算の基礎となるべき税額に係る無申告加算税に代え、100分の40の割合を乗じて計算した金額に相当する重加算税が賦課されます。

2024（令和6）年度税制改正において隠蔽仮装された事実に基づいて更正の請求をした場合も重加算税の対象となります。従来の適用は、隠蔽仮装された納税申告書又は無申告に対して重加算税が賦課されていましたが更正の請求は対象となっていませんでした。

2025（令和7）年1月1日以後に法定納期限等が到来する国税に適用されます。

4 重加算税の判定基準

重加算税の判定のための指針である、「隠蔽」「仮装」の絶対的な判定基準はありません。国税通則法は通達においても「隠蔽」「仮装」の規定はありません。裁決裁判事例から判断すると、次のように解釈されます。隠蔽若しくは仮装行為の認定は、実務的には事実の積上げを基に税務署長が判断し、最終的には裁判所の判断によることになります。

① 隠蔽行為

　客観的にみて課税期間の課税標準等又は税額等の計算の基礎となるべき事実の全部又は一部を隠匿すること

② 仮装行為

　作為的に虚偽の事実を創出すること

相続税における重加算税

相続税に適用される重加算税は、国税通則法第68条に規定されています。詳細な取扱いは平成12年7月3日付（令和5年6月23日改正）事務運営指針「相続税、贈与税の重加算税の取扱いについて」において公表されており、その内容は次の通りです。

1　相続税における重加算税の賦課基準

相続税において、重加算税の賦課の要件である国税通則法第68条第1項又は第2項に規定する「納税者がその国税の課税標準等又は税額等の計算の基礎となるべき事実の全部又は一部を隠蔽し、又は仮装し」とは、例えば、次に掲げるような事実（以下「不正事実」といいます）がある場合をいいます。

ここでいう「相続人等」とは次の者をいいます。

① 相続人

② 受遺者

③ 相続人から遺産（債務及び葬式費用を含む）の調査、申告等を任せられた者

(1) 相続人等が、帳簿、決算書類、契約書、請求書、領収書その他財産に関する書類（以下「帳簿書類」といいます）について次の行為をしていること

① 改ざん

② 偽造

③ 変造

④ 虚偽の表示

⑤ 破棄

⑥ 隠匿

(2) 相続人等が、次の行為により課税財産の価額を圧縮していること

① 課税財産を隠匿

② 架空の債務を創出

③ 事実をねつ造

(3) 相続人等が、取引先その他の関係者と通謀してそれらの者の帳簿書類について次の行為をしていること

① 改ざん

② 偽造

③ 変造

④ 虚偽の表示

⑤ 破棄

⑥ 隠匿

(4) 相続人等が、次の行為をしていることなどが合理的に推認し得ること

① 自ら虚偽の答弁を行っている

② 取引先その他の関係者をして虚偽の答弁を行わせている

③ その他の事実関係を総合的に判断して、相続人等が課税財産の存在を知りながらそれを申告していない

(5) 相続人等が、取得した課税財産について、次の行為を認識し、その状態を利用して、これを課税財産として申告していないこと又は債務として申告していること

① 被相続人の名義以外の名義、架空名義、無記名等であった

② 遠隔地であった

③ 架空の債務が作られていた

2　贈与税における重加算税の賦課基準

贈与税についても重加算税の賦課基準は相続税とほぼ同様です。

(1) 受贈者又は受贈者から受贈財産（受贈財産に係る債務を含みます）の調査、申告等を任せられた者（以下「受贈者等」といいます）が、帳簿書類について次の行為をしていること

① 改ざん

268

② 偽造

③ 変造

④ 虚偽の表示

⑤ 破棄

⑥ 隠匿

(2) 受贈者等が、次の行為により課税財産の価額を圧縮していること

① 課税財産を隠匿

② 事実をねつ造

(3) 受贈者等が、課税財産の取得について次の行為をしていること

① 架空の債務を作る

② 虚偽若しくは架空の契約書を作成している

(4) 受贈者等が、贈与者、取引先その他の関係者と通謀してそれらの者の帳簿
書類について次の行為をしていること

① 改ざん

② 偽造

③ 変造

④ 虚偽の表示

⑤ 破棄

⑥ 隠匿

(5) 受贈者等が、次の行為をしていることなどが合理的に推認し得ること

① 自ら虚偽の答弁を行っている

② 贈与者、取引先その他の関係者をして虚偽の答弁を行わせている

③ その他の事実関係を総合的に判断して、受贈者等が課税財産の存在を知
りながらそれを申告していない

(6) 受贈者等が、取得した課税財産について、その状態を利用して、これを課
税財産として申告していないこと

① 贈与者の名義以外の名義、架空名義、無記名等であった

② 遠隔地であった

269

3 重加算税を課す場合の留意事項

通則法第 68 条第 4 項（短期間の仮装・隠蔽の繰り返し）の規定の適用に当たっては、次の点に留意します。

① 通則法第 119 条第 4 項の規定により無申告加算税又は重加算税の全額が切り捨てられた場合、無申告加算税等（通則法第 68 条第 4 項第 1 号の無申告加算税等をいう。）を課されたことがある場合に該当せず、通則法第 119 条第 4 項の規定により無申告加算税又は重加算税の全額が切り捨てられた、又は切り捨てられる場合には、特定無申告加算税等（通則法第 68 条第 4 項第 2 号の特定無申告加算税等をいう。）を課されたことがあり、又は特定無申告加算税等に係る賦課決定をすべきと認める場合に該当しない。

② 相続税は課税期間のない国税に該当するため、その相続税の納税義務が成立した日の属する年の前年及び前々年のいずれにも別の相続税の納税義務が成立している場合に限り、通則法第 68 条第 4 項第 2 号の規定の適用を判定する。

重加算税の対象者

1 実行行為者

重加算税は、相続等により取得した財産を敢えて隠蔽仮装したことに対して賦課されます。複数の相続人等のうち特定の相続人等だけが隠蔽仮装行為をすることもあります。加算税の賦課対象者は納税義務者であり、隠蔽仮装行為をした者です。重加算税の対象は行為者（納税義務者）であり、その行為者の実行行為に対し、重加算税が賦課されます。相続人が複数の場合であっても、隠蔽仮装行為の実行行為者に対して、重加算税が賦課されます。

2　重加算税の対象例

(1) 隠蔽仮装財産を行為者が取得したケース

相続税では一般的な事例です。相続人はA、B及びCです。税務調査があり、Aが財産を隠蔽仮装し、申告から除外していたことが判明しました。Aが隠蔽仮装した財産は、相続人全員の合意でAが取得することになりました。Aは当然ですが、B及びCについても税額が増額したことから相続人全員が修正申告書を提出することになりました。

この場合、重加算税の対象となるのはAが取得した隠蔽仮装財産の価額であり、対象者は隠蔽等行為をしたAです。他の相続人は隠蔽仮装行為がなかったので重加算税の対象になりませんが、過少申告加算税が賦課されます。

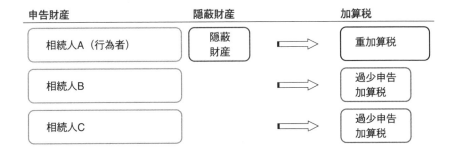

(2) 隠蔽仮装財産を行為者以外の相続人が取得したケース

相続人はA、B及びCです。税務調査があり、Aが財産を隠蔽仮装し、申告から除外していたことが判明しました。Aが隠蔽等した財産は、相続人全員の合意でBが取得することになりました。税額が増額したことから相続人全員が修正申告書を提出しました。

この場合、重加算税の対象となるのは隠蔽仮装行為をしたAですが、Aは隠蔽仮装した財産を取得していません。そのため、Aの増加税額に対しては過少申告加算税が賦課されます。ただし、Aが隠蔽仮装した財産に対応する増加税額分については重加算税が賦課されます。Bは、隠蔽仮装した財産を取得しま

したが、隠蔽仮装の行為者ではないので、過少申告加算税が賦課されます。

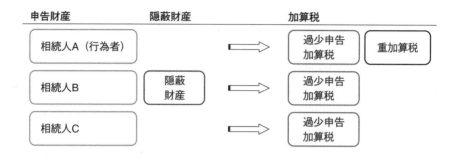

配偶者に対する重加算税の賦課

1 隠蔽又は仮装した財産に対するかつての配偶者の税額軽減の不都合

配偶者が取得した相続財産の課税価格が次のいずれか多い金額までは相続税額が算出されません（相法19の2　以下「配偶者の税額軽減」といいます。）。

① 配偶者の法定相続分
② 1億6,000万円

配偶者が隠蔽仮装した財産に対する増加税額に対しては、重加算税の対象となります。未確認ですが、配偶者の税額軽減が創設された以降（1950年（昭和25年））から、隠蔽仮装の行為者である配偶者が隠蔽仮装した財産を取得した場合であっても、配偶者の税額軽減が適用できたことでしょう。少なくとも1975年（昭和50年）以降は税額軽減の適用ができました。

申告から除外した財産を加算しても配偶者が当初取得した財産の割合が配偶者の税額軽減適用割合（上記①又は②）以下である場合、修正申告に対応する修正税額が算出されませんでした。当初から除外財産を加算して申告した場合でも算出されないので、結果は同じで、配偶者の税額は算出されません。しかし、除外することにより全体の課税価格が低くなり累進税率が緩和され、他の

相続人の税額が軽減されます。この理由のほか、配偶者が財産の所在を他の相続人に知られるのを避け、独自に隠匿するため、当初申告をしない事例が大変多くありました。調査による更正があるまで修正申告書を提出すれば、実害はないというスタンスで、意図的な隠蔽仮装行為が横行していました。

　これは、相続税の税率が75％の時代が長く、相続税の負担が重くなる懸念や相続人間の事情等が原因でしたが、実際問題として調査によって隠蔽仮装した財産を把握したとしても重加算税が算出されないというのは、大変不合理な取扱いとなっていました。また、重加算税は隠蔽仮装行為者がその財産を取得した場合に賦課されるため、行為者以外の相続人には影響がありませんでした。配偶者の税額軽減枠に余裕がある事案は、配偶者の税額軽減が適用され重加算税が賦課されなくなることから、積極的調査を回避したい、というのが調査官の本音でした。もちろん、他の相続人の隠蔽等行為を認定してその相続人に対して重加算税賦課することもできますが、課税実務の本旨から外れます。

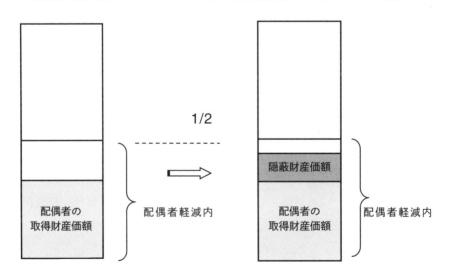

2　配偶者の税額軽減の改正

(1)　1994 年の改正

　税制上の不都合を、1994 年（平成 6 年）の税制改正により，配偶者が取得する財産に隠蔽仮装があった場合、課税価格から除いて計算することになりました。

　しかし、この改正によっても前項で解説した通り、配偶者が隠蔽仮装した財産を他の相続人が取得すれば重加算税の対象にはなりませんでした。「平成 19 年分改正税法のすべて」ではこの時の改正が不十分であることについて次のように述べています。「このことによりどのような問題が生じるかというと、先ず、隠蔽され又は仮装された財産が他の相続人の課税価格を増加させることからその結果として「相続税の総額」が増加します。さらに、これを受けて、配偶者の税額軽減も増額することにより、本来であれば、隠蔽仮装された財産が把握されたことにより相続人等のすべての者の税負担が増加するはずのところですが、配偶者に限っては、この税額軽減措置により納付すべき税額が増加しないケーが生じるという問題が出てきました。」

(2)　2007 年の改正

　2007 年（平成 19 年）の改正により配偶者の隠匿仮装に基づく金額に相当する金額は、たとえ配偶者がその財産を取得しない場合であっても、計算の基礎となる「相続税の総額」及び「課税価格の合計額」ついては、その配偶者が行った隠蔽仮装行為による金額を含まないで計算することとなりました。つまり、配偶者の税額軽減の基礎となる相続税の総額の計算については、配偶者が隠蔽仮装した財産を含めないで計算をし、配偶者がその財産を取得したか否かにかかわることなく、税額軽減の適用ができません。

　例えば、当初申告において配偶者が取得した財産の課税価格が 9,000 万円だったとします。相続税の調査で、配偶者が 7,000 万円の相続財産を隠匿仮装していたことが判明し、合計 1 億 6、000 万円を取得したとして修正申告をした場合、隠蔽仮装した財産を当初から申告していれば配偶者の税額軽減の適用が

受けられたものが、適用できないことになります。また、重加算税が賦課されます。

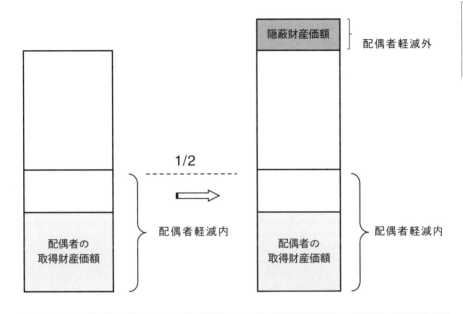

3 隠蔽仮装行為があった場合の配偶者の税額軽減額の計算

(1) 重加算税が賦課される場合の配偶者の税額軽減の概要

隠蔽仮装行為に基づいて申告書を提出しており、調査により修正申告書を提出した場合、配偶者の税額軽減の金額の基礎となる相続税の総額の計算において隠蔽仮装財産を含めません。無申告であり、期限後申告書を提出した場合も同様です（相法19の2⑤）。

隠蔽仮装行為とは、相続等により財産を取得した者が行う行為で、財産を取得した者の相続税の課税価格の計算の基礎となるべき事実の全部又は一部を隠蔽し、又は仮装することをいいます（相法19の2⑥）。

(2) 配偶者の税額軽減の額

配偶者の税額軽減の基本的計算は次の通りです。

$A \times \dfrac{\text{C又はDのいずれか少ない金額}}{B}$	
A	・相続又は遺贈（相続に係る被相続人からの贈与により取得した財産で相続時精算課税の適用を受けるものに係る贈与を含む。以下「相続等」という。）により財産を取得したすべての者に係る相続税の総額
B	・相続等により財産を取得したすべての者に係る相続税の課税価格の合計額（合計額に1,000円未満の端数があるとき又はその全額が1,000円未満であるときは、その端数金額又はその全額を切り捨てる。）
C	・次のいずれか多い方の金額（相続税法第19条の2第1項第2号イに掲げる金額） ① 課税価格の合計額に配偶者の法定相続分を乗じた金額 ② 1億6,000万円
D	・配偶者の課税価格（法第19条の2第1項第2号ロに掲げる金額。相続税の申告期限までに分割されていない財産の価額は除かれる。）

(3) 隠蔽仮装行為があった場合の配偶者の税額軽減額の額

隠蔽仮装行為があった場合の配偶者の税額軽減額は、(1)（配偶者の税額軽減の額）の計算式のAからDの金額をそれぞれ次に掲げる金額に読み替えて計算したところの金額によります（相基通19の2-7の2）。

$A \times \dfrac{\text{C又はDのいずれか少ない金額}}{B}$	
A	・次の算式により算出した相続税の課税価格の合計額に係る相続税の総額（その金額に100円未満の端数があるとき又はその全額が100円未満であるときは、その端数金額又はその全額を切り捨てる。） a－（b＋c）
B	・上記Aの金額の算式により算出した相続税の課税価格の合計額
C	・次の算式により算出した金額（金額に1,000円未満の端数があるとき又はその全額が1,000円未満であるときは、その端数金額又はその全額を切り捨てる。）に民法第900条の規定による配偶者の相続分（相続の放棄があった場合には、その放棄がなかったものとした場合における相続分とする。）を乗じて算出した金額（相続人（相続の放棄があった場合には、その放棄がなかったものとした場合における相続人）が配偶者のみである場合には、その合計額とする。）に相当する金額と1億6,000万円のいずれか多い金額 a－（d＋e）
D	・次の算式により算出した金額（金額に1,000円未満の端数があるとき又はその全額が1,000円未満であるときは、その端数金額又はその全額を切り捨てるものとする。） f－（g＋e）

上記算式中の符号は次のとおりです。

a	・相続税法第 19 条の 2 第 1 項第 2 号イの「課税価格の合計額」 ・合計額の基となった各人の課税価格について通則法第 118 条第 1 項の規定による端数処理を行っている場合には、処理をする前の金額の合計額とする。
b	・被相続人から相続等により財産を取得した者（以下「納税義務者」という。）が相続等により取得した財産の価額のうち配偶者が行った相続税法第 19 条の 2 第 6 項に規定する隠蔽仮装行為による事実に基づく金額（隠蔽仮装行為に係る金額）と納税義務者の債務及び葬式費用のうち配偶者が行った隠蔽仮装行為に係る金額との合計額 ・合計額が納税義務者に係る相続等により取得した財産の価額の合計額（法第 13 条第 1 項、第 2 項又は第 4 項の規定の適用がある場合にはこれらの規定による控除後の金額をいう。以下「純資産価額」とう。）を上回る場合には、その納税義務者に係る純資産価額とする。
c	・相続税の課税価格に加算される財産の価額のうち被相続人の配偶者が行った隠蔽仮装行為に係る金額
d	・配偶者が相続等により取得した財産の価額のうち納税義務者が行った隠蔽仮装行為に係る金額と配偶者の債務及び葬式費用のうち納税義務者が行った隠蔽仮装行為に係る金額との合計額 ・合計額が配偶者に係る純資産価額を上回る場合には、配偶者に係る純資産価額とする。
e	・配偶者につき相続税法第 19 条の規定により相続税の課税価格に加算される財産の価額のうち納税義務者が行った隠蔽仮装行為に係る金額
f	・相続税法第 19 条の 2 第 1 項第 2 号ロに掲げる課税価格に相当する金額 ・その課税価格について通則法第 118 条第 1 項の規定による端数処理を行っている場合には、処理をする前の金額とする。
g	・配偶者が相続等により取得した財産の価額（法第 19 条の 2 第 2 項に規定する分割されていない財産の価額を除く。）のうち納税義務者が行った隠蔽仮装行為に係る金額と配偶者の債務及び葬式費用のうち納税義務者が行った隠蔽仮装行為に係る金額との合計額 ・合計額が相続税法第 19 条の 2 第 1 項第 2 号ロの金額の計算の基となった純資産価額に相当する金額を上回る場合には、純資産価額に相当する金額

⑷ 隠蔽仮装行為があった場合の配偶者の税額軽減額の簡便な方式

⑶の計算式は、相続税法基本通達によります。これでは理解しにくいので次の簡易な計算式を示します。

	$A \times \dfrac{C\,\text{又は}\,D\,\text{のいずれか少ない金額}}{B}$		
A	・相続等（相続時精算課税の適用を受けるものに係る贈与を含む。）により財産を取得したすべての者に係る相続税の総額 ・配偶者が隠蔽仮装した財産を除く。		
B	・相続等により財産を取得したすべての者に係る相続税の課税価格の合計額（1,000円未満の端数があるとき又はその全額が 1,000 円未満であるときは、その端数金額又はその全額を切り捨てる。） ・配偶者が隠蔽仮装した財産を除く。		
C	・法第 19 条の 2 第 1 項第 2 号イに掲げる金額 ・配偶者の法定相続分又は 1 億 6,000 万円のいずれか多い方の金額 ・配偶者が取得した隠蔽仮装財産を除く。		
D	・法第 19 条の 2 第 1 項第 2 号ロに掲げる金額 ・配偶者の課税価格（相続税の申告期限までに分割されていない財産の価額を除く。） ・配偶者が取得した隠蔽仮装財産を除く。		

(5) 具体的な計算例

		相続人	配偶者及び子 2 人合計 3 人	
当初申告	課税価格の合計額		40,000 万円	
	相続税の総額		92,200 万円	
	配偶者の課税価格		20,000 万円	
	税額	相続人	相続税の総額	各人の納税額
		配偶者	9,220 万円	0 円
		子 A		2,305 万円
		子 B		2,305 万円
		合計額	9,220 万円	4,610 万円
修正申告	配偶者が隠蔽仮装した財産の価額（子 A が取得）		5,000 万円	
	税額		相続税の総額	各人の納税額
		配偶者	10,985 万円	333 万円
		子 A		3,625 万円
		子 B		2,416 万円
		合計額	10,985 万円	6,374 万円

修正申告における配偶者の取得財産価格は、法定相続分以下ですが、税額計算において配偶者が隠蔽仮装した財産の価額を除いて計算することにより納付税額が生じます。

SECTION 5

重加算税の賦課事例

　相続税における重加算税の賦課事例は数多あります。本稿では典型的な裁判・裁決事例（要旨）を紹介します。

被相続人の行為と重加算税

　相続税の納税義務者は言うまでもなく相続又は遺贈により財産を取得した者です。納税義務者の行為に対して重加算税が賦課されます。しかし実際の行為者が被相続人又はそれ以外の者であっても、その者が作出した状態を利用して相続財産から除外した場合、重加算税の対象となります。

(1) 税務調査で相続財産であると指摘された株式が名義株であり、本来、被相続人に帰属するものであることを認識しながら、株式を被相続人の相続財産から除外して内容虚偽の相続税の申告書を提出した事例

【参考判決：2006 年（平成 18 年）10 月 19 日　東京地裁】
　納税者以外の者が隠ぺい又は仮装行為を行った場合であっても、それを納税者が認識し、その状態を利用して、内容虚偽の申告をしたような場合には、実質的には、納税者自身が仮装又は隠ぺい行為を行ったのと同様であると評価することができる一方、仮装又は隠ぺい行為が、形式的に納税者自身の行為でないというだけで重加算税の賦課が許されないとすると、重加算税制度の趣旨及び目的を没却することになるのであるから、被相続人又はその他の者の行為により、相続財産の一部等が隠ぺい又は仮装された状態にあることを相続人又は受遺者が認識し、相続人又は受遺者がその状態を利用して、内客虚偽の相続税の申告書を提出した場合にも、重加算税を賦課することができると解するのが相当である。

（TAINS Z256-10532）

280

(2) 相続人が積極的に隠蔽仮装行為に及ぶ場合に限らず、被相続人等の者の行為により、相続財産が隠蔽仮装された状態にあり、その状態を利用して内容虚偽の相続税の申告書を提出した場合には、重加算税を賦課することができるものとした事例

【参考判決：2011年（平成23年）12月16日　大阪地裁】
　本件親族名義預金はいずれも亡戊の相続財産であると認められるところ、亡戊は、本件親族名義預金を自ら開設し、その管理運用を行っていたこと、本件無記名債券に関して、相続税の課税負担を極力避けようとする意向を有していたことなどに鑑みれば、亡戊は、本件親族名義預金の名義人を亡戊の親族とすることで、また、贈与税の基礎控除額の範囲内の金額を積み増すことで、贈与税の課税対象となることを避ける一方、本件親族名義預金の帰属者が亡戊であるとの認定を困難にし、あたかも贈与があったかのような外形を仮装することを意図していたものと推認できる。また、本件貸金庫の名義を亡戊から原告乙に変更したことも、上記のとおり、本件貸金庫に保管されていた本件親族名義預金に係る通帳等の管理者が原告乙であると仮装しようとした意図に基づくものと認められる。

……

　原告らは、本件無記名債券及び本件親族名義預金が亡戊に帰属する相続財産であることを十分に認識した上、本件無記名債券及び本件親族名義預金の帰属者を隠ぺい仮装しようとしていた亡戊の意図も十分に認識していたと認められるのであって、原告らから委任を受けたK税理士が、亡戊及び原告らによる隠ぺい仮装状態の利用を容易にするような指導助言及び本件相続税の申告手続を行ったとしても、それは原告らの意思に基づくものというべきであり、原告らが隠ぺい仮装行為を行ったとみて重加算税を賦課することができると解するのが相当である。

（TAINS Z261-11836、Z263-12150）

名義財産と重加算税

　被相続人名義、実在する親族名義の財産を申告しなかった場合でもそれが意図的な申告漏れと判断される場合、重加算税の対象となります。

1 被相続人名義の預金

申告漏れとなった財産が被相続人名義の預金であっても、除外したことが隠ぺい行為に該当する場合、重加算税の賦課要件を満たします。

(1) 被相続人名義の普通預金等の存在を承知した上で、預金等の存在を明らかにしないで税理士に申告書を作成、提出させた行為は、事実の隠蔽に当たるとした事例

【参考裁決：1998 年（平成 10 年）12 月 18 日】

本件申告書には本件借入金が債務として計上されているが、それから生じた本件各預金が被相続人の相続開始日現在で存在していたにもかかわらず、同預金が相続財産として計上されていないことの事実が認められる。

また、請求人は、本件各預金が被相続人の相続開始日現在で存在し、それが被相続人名義であることを承知した上で、T 税理士に指示して、いったんは本件各預金とも思われる金額を含めて納付すべき税額を算定させ、その後、同税理士から当該金額に係る資料の提示を求められると、本件残高証明書及び本件各預金のうち定期預金の証書を所持していたにもかかわらず、当該資料はない旨の回答をして、同税理士に本件各預金の存在を明らかにせずに本件申告書の作成を依頼し、同申告書を E 税務署長に提出したことの各事実が認められる。

そうすると、請求人は、上記のような内容虚偽と認められる本件申告書を E 税務署長に提出したのであるから、このような請求人の行為は、本件相続税の課税価格の計算の基礎となるべき事実である相続財産の存在の一部を隠ぺいしたところに基づき本件申告書を提出していたものと認められる。

請求人の行為は、本件相続税の課税価格の計算の基礎となるべき事実である相続財産の存在の一部を隠ぺいしたところに基づき本件申告書を提出していたものと認められ、このことは、通則法第 68 条第 1 項に規定する重加算税の賦課の要件を満たすから、この点に関する請求人の主張には理由がない。

(2) 相続開始後に被相続人名義の証書式定額郵便貯金を解約して、新たに開設した請求人ら名義の通常郵便貯金口座に預入し、証書式定額郵便貯金を除外して相続税の申告をした行為は、事実を隠蔽した場合に該当するとした事例

【参考裁決：1999 年（平成 11 年）5 月 18 日】

　請求人は、〔1〕本件相続開始後、本件申告前である平成 7 年 2 月 9 日及び同月 10 日に自ら本件定額貯金を解約し、その存在を確知していること、〔2〕本件定額貯金の解約を一両日中に実行したにもかかわらず、5 箇所の郵便局で解約手続をとっていること、〔3〕同年 1 月 23 日の通帳式貯金（申告済み分）の払戻金額に一致させた金額である 2,310,000 円を同年 9 月 11 日に請求人名義通常貯金から払い戻し、その払戻金を同月 13 日相続財産管理口座へ預入していること、〔4〕同年 1 月 23 日及び同月 26 日の通帳式貯金（申告済み分）の払戻金額の合計額に一致させた金額である 6,556,456 円を同年 9 月 12 日に H 名義通常貯金から払い戻し、その払戻金を同月 14 日に相続財産管理口座へ預入していること、〔5〕それ以外の請求人名義通常貯金及び H 名義通常貯金からの払戻金は相続財産管理口座へ預入されず、うち 2,543,192 円については同年 10 月 23 日にこれを払い戻して費消していること、〔6〕同月 25 日に本件申告をするに際して通帳式貯金についてはその金額を相続財産として本件申告書に記載したが、本件定額貯金についてはその金額を同申告書に記載しなかったことが認められる。

　以上の事実関係を総合すれば、請求人の行為は、国税通則法第 68 条第 1 項に規定する「課税標準等又は税額等の計算の基礎となるべき事実の全部又は一部を隠ぺいし、又は仮装し、その隠ぺいし、又は仮装したところに基づいて納税申告書を提出していたとき」に該当すると認めるのが相当である。

(3) 被相続人名義預金について、相続人がその存在を認識しながら申告しなかったとしても、重加算税の賦課要件は満たさないとした事例

【参考裁決：2019 年（令和元年）11 月 19 日】

　原処分庁は、請求人の亡母（本件相続人）が、当初申告において計上していなかった相続財産の一部である被相続人名義の預金（本件預金）について、その存在を知りながら関与税理士に伝えなかったことは、国税通則法第 68 条《重加算

税》第1項に規定する隠ぺい又は仮装の行為に当たる旨主張する。

しかしながら、本件相続人が本件預金の存在を関与税理士に伝えなかったことは認められるものの、本件相続人が本件預金を相続財産であることを認識した上で、あえて関与税理士に本件預金の存在を伝えなかったとまで認めることはできず、また、本件相続人は、本件預金を原処分庁が容易に把握し得ないような他の金融機関や本件相続人名義以外の口座などに入金したのではなく、本件預金の口座と同じ金融機関の本件相続人名義の口座に入金し、調査日現在においても当該口座を解約していなかったことからすると、原処分庁をしてその発見を困難ならしめるような意図や行動をしているとは認められないから、本件預金を故意に当初申告の対象から除外したものとまでは認め難い。したがって、本件相続人が、相続税を当初から過少に申告することを意図し、その意図を外部からもうかがい得る特段の行動をした上、その意図に基づく過少申告をしたものと認めることはできないから、国税通則法第68条第1項に規定する隠ぺい又は仮装の行為に当たるとは認められない。

(4) 被相続人名義の貯金の申告漏れに対し重加算税を賦課されたが、重加算税の賦課要件を満たさないとした事例

【参考裁決：2022年（令和4年5月10日）】

原処分庁は、①請求人が（被相続人名義）本件貯金口座についてのみ残高証明書を取得することなく相続手続を行うという特異な行動をしていること及び②請求人が貯金の存在を認識していたにもかかわらず、これを会計事務所に対して伝えていないことが、請求人の当初から相続財産を過少に申告する意図を外部からもうかがい得る特段の行動である旨主張する。

しかしながら、請求人が申告を行うに当たり、①貯金口座の残高証明書を取得せず、②貯金の存在を会計事務所に伝えなかった一連の行為において、当初から相続財産を過少に申告することを意図し、その意図を外部からもうかがい得る特段の行動をしたものと評価すべき事情は認められず、また、他に請求人において隠蔽又は仮装と評価すべき行為も見当たらない。したがって、本件において、請求人には、通則法第68条第1項に規定する「隠蔽し、又は仮装し」に該当する事実があったとはいえない。

(TAINS　J127-1-02)

2 家族名義預金

　預貯金に限らず、財産はその名義人の所有であるという推測が働きます。真実の所有者がいるのに、家族や親族の名義で運用している資産について、その事実を相続人が知っており、家族や親族の名義であることを奇貨として、相続財産から除外することは、仮装行為と何ら変わることがありません。

被相続人名義の貸金庫内にあった配偶者名義預貯金を相続財産として認定し、重加算税を賦課した事例

【参考裁決：2017 年（平成 19 年）8 月 2 日】

　相続財産である預貯金等の帰属については、一般的にはその名義人に帰属するのが通常であるが、預貯金等については別の名義への預け替えが容易にできることから、単に名義人が誰かという形式的事実のみにより判断するのではなく、その原資となった金員の出捐者、その管理、運用の状況、贈与の事実の有無等を総合的に勘案してその帰属を判断するのが相当であると解される。

5　被相続人の配偶者名義の預金（本件預金）の原資の出捐者は被相続人であること、本件預金口座の管理は被相続人が行っていたという状況、及び、本件預金口座が配偶者の生活費の支払に運用されていないという状況を総合考慮すると、本件預金は、相続開始日において、その名義人である配偶者に帰属する財産ではなく、被相続人に帰属する相続財産であると認めるのが相当である。

6　重加算税制度の趣旨に鑑みれば、架空名義の利用や資料の隠匿等の積極的な行為が存在したことまで必要であると解するのは相当でなく、納税者が、当初から財産を過少に申告することを意図し、その意図を外部からもうかがい得る特段の行動をした上、その意図に基づく過少申告をしたような場合には、重加算税の賦課要件が満たされるものと解すべきである。

(TAINS F0-3-571)

SECTION 6

相続税法の延滞税の特則

1 延滞税

(1) 延滞税とは

　延滞税とは、国税が法定納期限までに納付されない場合に賦課される附帯税で、原則として法定納期限の翌日から納付する日までの日数に応じて、自動的に課されます。国税の納付の履行遅滞に対する遅延損害金です。

(2) 延滞税が賦課される場合

　延滞税は次の場合に賦課されます（通則法60①）。

①　期限内申告書を提出した場合、申告書の提出により納付すべき国税をその法定納期限までに完納しないとき。

②　修正申告書書等の提出、又は更正等を受けた場合で納付すべき国税があるとき。

③　納税の告知を受けた場合、その告知により納付すべき国税（不納付加算税、重加算税及び過怠税を除く）を、法定納期限後に納付するとき。

④　予定納税に係る所得税を法定納期限までに完納しないとき。

⑤　源泉徴収等による国税を法定納期限までに完納しないとき。

(3) 延滞税の額

　延滞税は法定納期限の翌日から納付する日までの日数に応じて次の割合により課されます。

①　納期限 (注1) の翌日から2月を経過する日まで

　原則として年7.3％です。ただし、令和3年1月1日以後の期間は、年「7.3％」と「延滞税特例基準割合 (注2) ＋1％」のいずれか低い割合です。

②　納期限の翌日から2月を経過した日以後

　原則として年14.6％です。ただし、令和3年1月1日以後の期間は、年

286

14.6 % と「延滞税特例基準割合＋7.3 %」のいずれか低い割合です。

（注 1）　納期限は次のとおりです。

①	期限内に申告した場合	法定納期限
②	期限後申告又は修正申告の場合	申告書を提出した日
③	更正・決定の場合	更正通知書を発した日から 1 か月後の日

（注 2）　延滞税特例基準割合とは、各年の前々年の 9 月から前年の 8 月までの各月における銀行の新規の短期貸付約定平均金利の合計を 12 で除して得た割合として各年の前年の 11 月 30 日までに財務大臣が告示する割合に、年 1 ％の割合を加算した割合をいいます。

2　相続税法における延滞税の特則

(1)　延滞税の特則

　申告期限後に、共同相続人のうち 1 人又は複数の者が被相続人から贈与を受けていたことが判明することがあります。他の相続人が贈与を受けていたことを知らずに相続税の調査を受けて、贈与加算して修正申告書を提出した場合の増加税額に対する延滞税は課せられません（相続税法 51 ② 1 イ）。

《相続税法第 51 条第 2 項第 1 号イ》

　次の各号に掲げる相続税額については、当該各号に定める期間は、国税通則法第 60 条第 2 項（延滞税）の規定による延滞税の計算の基礎となる期間に算入しない。
　一　相続又は遺贈により財産を取得した者が、次に掲げる事由による期限後申告書又は修正申告書を提出したことにより納付すべき相続税額　第 33 条の規定による納期限の翌日からこれらの申告書の提出があつた日までの期間
　　イ　期限内申告書の提出期限後に、その被相続人から相続又は遺贈（当該被相続人からの贈与により取得した財産で第 21 条の 9 第 3 項の規定の適用を受けるものに係る贈与を含む。次号イにおいて同じ。）により財産を取得した他の者が当該被相続人から贈与により取得した財産で相続税額の計算の基礎とされていなかつたものがあることを知つたこと。

第 7 章　加算税・延滞税

(2) 贈与税の申告内容の開示請求

　相続財産には相続開始前3年以内の贈与財産価額及び相続時精算課税を適用して申告した財産価額を加算します（相続税法19①、21の15、21の16）。共同相続人の生前の贈与の有無及び贈与価額が不明な場合、相続税法第49条の規定に基づいて、贈与税の申告内容の開示請求ができます。これにより贈与加算漏れを避けることができます。

索　引

［あ行］

隠蔽仮装‥‥‥‥‥‥‥‥‥‥‥‥263

隠蔽行為‥‥‥‥‥‥‥‥‥‥‥‥266

延滞税‥‥‥‥‥‥‥‥‥‥‥‥‥286

延滞税の特則‥‥‥‥‥‥‥‥‥‥287

［か行］

海外関連事案‥‥‥‥‥‥‥‥‥‥56

海外関連事案の調査結果の推移‥‥‥59

海外資産関連事案に係る財産別非違件数の

　推移‥‥‥‥‥‥‥‥‥‥‥‥‥57

海外資産関連事案に係る地域別非違件数

　‥‥‥‥‥‥‥‥‥‥‥‥‥‥‥59

回収不能である債権‥‥‥‥‥‥‥205

過去の贈与‥‥‥‥‥‥‥‥‥‥‥192

加算税‥‥‥‥‥‥‥‥‥‥‥‥‥240

加算税の賦課割合‥‥‥‥‥‥‥‥246

貸金庫の開扉‥‥‥‥‥‥‥‥‥‥141

貸金庫の開閉記録‥‥‥‥‥‥‥‥158

加重される部分‥‥‥‥‥‥‥‥‥245

過少申告加算税‥‥‥‥‥‥‥‥‥248

過少申告加算税等‥‥‥‥‥‥‥‥25

課税件数‥‥‥‥‥‥‥‥‥‥‥‥4

課税割合‥‥‥‥‥‥‥‥‥‥‥‥4

仮装行為‥‥‥‥‥‥‥‥‥‥‥‥266

家族名義金融資産‥‥‥‥‥‥‥‥188

家族名義非上場株式‥‥‥‥‥‥‥200

家庭用動産‥‥‥‥‥‥‥‥‥‥‥203

簡易な接触‥‥‥‥‥‥‥‥‥‥‥28

関係会社への反面調査‥‥‥‥‥‥148

期限後申告‥‥‥‥‥‥‥‥‥‥‥218

強制調査‥‥‥‥‥‥‥‥‥‥‥‥227

共通報告基準（CRS）‥‥‥‥‥‥75

銀行調査証‥‥‥‥‥‥‥‥‥‥‥153

金融機関調査‥‥‥‥‥‥‥‥‥‥151

金融機関の預貯金等の調査証‥‥‥153

KSK システム‥‥‥‥‥‥‥‥‥77

決定‥‥‥‥‥‥‥‥‥‥‥‥‥‥217

現物確認調査‥‥‥‥‥‥‥‥‥‥136

高額な出金の使途が不明‥‥‥‥‥195

更正‥‥‥‥‥‥‥‥‥‥‥‥‥‥217

58 条通知書‥‥‥‥‥‥‥‥‥‥‥93

国外財産調書‥‥‥‥‥‥‥‥‥‥65

国外送金等調書‥‥‥‥‥‥‥‥‥63

国外送金法‥‥‥‥‥‥‥‥‥‥‥62

国税局別調査の状況‥‥‥‥‥‥‥26

国税通則法‥‥‥‥‥‥‥‥‥‥‥224

国税犯則取締法‥‥‥‥‥‥‥‥‥227

［さ行］

再更正‥‥‥‥‥‥‥‥‥‥‥‥‥218

財産債務調書‥‥‥‥‥‥‥‥‥‥70

財産債務の明細書‥‥‥‥‥‥‥‥72

CRS（共通報告基準）‥‥‥‥‥‥75

事後処理‥‥‥‥‥‥‥‥‥‥28，112

資産家‥‥‥‥‥‥‥‥‥‥‥‥‥53

事前通知‥‥‥‥‥‥‥‥‥‥‥‥119

実地調査‥‥‥‥‥‥‥‥‥‥‥‥231

実地調査以外の調査‥‥‥‥‥‥‥233

実地調査件数···················19	調査官の依頼事項···········143
実地調査割合···················19	調査官の質問···············129
質問応答記録書·················159	調査終了···················210
質問検査権···············226, 228	調査早期終了のために·········210
指摘事項への対応···············212	調査対象事案の課税価格別階級····108
事務運営指針···················224	調査対象事案の金額基準········108
重加算税·······················263	調査対象者の選定·············98
重加算税賦課割合···············25	調査対象年分·················17
修正申告（等）···········218, 239	調査対象の今後···············111
重点管理富裕層·················53	調査対象の選定···············95
準備調査·······················118	調査通知···················244
資料収集·······················95	調査通知と加算税·············245
申告審理·······················96	調査に該当しない行為·········234
申告是認·······················21	調書に関する罰則·············73
申告漏れ課税価格···············23	超富裕層···················52
税務代理人·····················119	庭園設備···················204
選定基準·······················98	手続通達···················224
相続開始直前の出金···········197	当該職員···················235
相続税課税対象者の把握·······93	留置き···················226
相続税実地調査の時期·········90	
相続税調査の近年の傾向·······48	**［な行］**
相続税調査の担当部署·········88	
相続税の課税状況·············4	任意調査···················227
相続税の実地調査の状況·······7	
相続税の重加算税·············267	**［は行］**
相続税の歴史·················37	
相続税法の延滞税の特則·······286	反面調査···················145
相続人の立会い（臨席）·······124	非違·····················21
贈与税の実地調査·············32	非違件数···················21
贈与税の申告内容の開示請求···288	非違割合···················21
	不表現資産···················99
［た行］	富裕層···················51
超大口資産家·················52	**［ま行］**
	無記名金融資産···············43

290

無記名定期預金等 ··························· 43
無申告加算税 ······························· 255
無申告事案 ································· 79
名義株の調査 ······························· 177
名義預貯金等の調査 ····················· 164
名義預貯金の判定 ························· 169

[や行]

郵便貯金 ··································· 46
要更正 ····································· 25
預貯金取引状況の照会 ················· 106

[ら行]

臨宅調査 ··································· 128
割引金融債 ································· 45

索引

著者紹介

武田秀和（たけだ　ひでかず）

税理士（武田秀和税理士事務所所長（東京税理士会日本橋支部））
岩手県出身　中央大学法学部卒
東京国税局資料調査課、東京派遣監察官室浅草、四谷税務署他東京国税局管内各税務署資産課税部門等に勤務
【事業内容】
相続税・贈与税・譲渡所得を中心とした申告・相談・財産整理等資産税関係業務を中心に事業を展開している。また、北海道から沖縄までの各地の税理士に対する資産税関係の講演を行っている。
著書
「小規模宅地等の特例　基本と事例でわかる税務」（税務経理協会）
「不動産の売却にかかる譲渡所得の税金（第2版）」（同上）
「借地権　相続・贈与と譲渡の税務（第3版）」（同上・共著）
「譲渡所得の基礎　徹底解説」（同上）
「土地評価実務ガイド（改訂版）」（同上）
「相続税の重要テーマ解説」（税務研究会）
「贈与税の重要テーマ解説」（同上）
「一般動産・知的財産権・その他の財産の相続税評価ポイント解説」（同上）
「遺産分割と遺贈の相続税実務ポイント解説」（同上）
「相続事業承継を取り巻く法務と税務」（法令出版・共著）
DVD
「災害発生前後の相続・贈与と土砂災害特別警戒区域内の土地の評価」（（一般社団法人）法律税金経営を学ぶ会）
「借地権の大きな落とし穴」（同上）
「税務調査が入りやすい譲渡所得」（同上）
「海外資産・書画・骨とう等の評価方法」（同上）
「譲渡所得の申告及び調査のポイントはここだ!!」㈱KACHIEL
「相続財産の調査・確定の実務」㈱ビズアップ総研
雑誌連載
「税理士のための一般財産評価入門」（週刊「税務通信」）
「サラリーマンでもわかる相続税対策」（ビジネス月刊誌「リベラルタイム」）
雑誌インタビュー記事・寄稿記事
月刊税経通信・月刊税務弘報・週刊ダイヤモンド・週刊東洋経済・週刊エコノミスト・週刊文春・週刊ポスト・週刊朝日・週刊現代

他多数

相続税調査はどう行われるか
調査対象選定から加算税賦課まで
［改訂版］

2021年8月30日　初版発行
2024年12月1日　改訂版発行

著　者	武田秀和
発行者	大坪克行
発行所	株式会社 税務経理協会 〒161-0033東京都新宿区下落合1丁目1番3号 http://www.zeikei.co.jp 03-6304-0505
印　刷	株式会社　技秀堂
製　本	牧製本印刷株式会社
デザイン	株式会社グラフィックウェイヴ
編　集	吉冨智子

本書についての
ご意見・ご感想はコチラ

http://www.zeikei.co.jp/contact/

本書の無断複製は著作権法上の例外を除き禁じられています。複製される場合は，そのつど事前に，出版者著作権管理機構（電話03-5244-5088，FAX03-5244-5089, e-mail: info@jcopy.or.jp）の許諾を得てください。

JCOPY ＜出版者著作権管理機構委託出版物＞
ISBN 978-4-419-07232-2　C3034

© 武田秀和　2024 Printed in Japan